4369. (Réserve)

(Cartes, partie.)

le

103

Le miroir de l'ame pecheresse.
ouquel elle recongnoist ses
faultes et pechez. aussi
les graces z benefi=
ces a elle faictz p̃
Jesuchrist
son
espoux.

La Marguerite tresnoble z precieu=
se/ sest preposee a ceulx qui de
bon cueur la cerchoient.

A Alencon/chez mai=
stre Simon du Bois
M.D.XXXI.

O est lenfer temps pentieremèt
De tout malheur/trauail/pei
ne/ɛ tourment:
Ou est le puitz d malediction
Dont sans fin sort desespe=
ration:

Est il de mal nul si profond abisme
Qui suffisant fust pour punir la disme
De mes pechez:qui sont en si grand nombre
Que infinitude rend si obscure sombre
Que les compter/ne bien veoir/ie ne puys:
Car trop auant/auecques eulx ie suis.
Et qui pis est/ie nay pas la puissance
Dauoir dung seul/au vray/la congnoissance:
Bien sens en moy que ten ay la racine:
Et au dehors ne voy effect ne signe
Qui ne soit tout branche/fleur/fueille/ et fruict
Que tout autour de moy elle produict.

Si ie cuyde regarder pour le mieulx:
Vne branche me vient fermer les yeulx:
En ma bouche tombe quant vueil parler
Le fruict par trop amer a aualler.
Si pour ouyr mon esperit se reueille:
Force fueilles entrent en mon aureille:
Aussi mon naiz est tout bousche de fleurs:
Voila comment en peine/criz/ɛ pleurs
                              A ii

En terre gist sans clarte ne lumiere
Ma paoure ame/esclaue/& prisonniere
Les piedz liez par sa concupiscence
Et les deux braz par son acoustumance·
En moy ne gist le pouoir du remede/
Force ie nay pour bien cuer a l'ayde.

    Brief a iamais/a ce que ie puis veoir
Esperance de fin ne doy auoir:
Mais la grace que ne puis meriter
Qui peult de mort chascun ressusciter
Par sa clarte ma tenebre illumine:
Et ma faulte sa vertu examine:
Rompant du tout le voile dignorance
Me donne au vray bien claire intelligence
Que cest de moy/et qui en moy demeure/
Et ou ie suis/ & pourquoy ie laßeure:
Qui est celluy lequel i'ay offense
Auquel si peu de seruit i'ay pense.

Parquoy il fault que mon orgueil rabaisse
Et que humblement en plorant le confesse
Que quant a moy ie suis trop moins que riens
Auant la vie boue/et apres fiens/
Vng corps remply de toute promptitude
A mal faire/ sans vouloir austre estude:
Subiecte a mal/ennuy/douleur/ & peine/
Vie briefue/ & la fin incertaine:
Qui soubz peche par Adam est vendu
Et de la loy iuge de estre pendu.

    Cat dobseruer vng seul commandement

Jehan i.
Je illumine tout
homme venant
en ce monde.

II. des Roys vi.
Et le seray vac-
ble en mes
peuple.

Genese viii.
Les & cogita-
tiõ du cuer hu-
main sõt addõ-
tiez a mal en
tout temps.

Il me maduint en ma vie brayement,
En moy ie sens sa force de peche/
Dont moindre nest mon mal destre cache:
Tant plus dehors se cele ⁊ dissimule
Plus dans le cueur se assemble ⁊ accumule.
Ce que dieu veult/ ie ne le puys vouloir
Ce quil ne veult/ souuent desire auoir:
Qui me contrainct par ennuy importable
De ce fascheux corps de mort miserable
Desirer veoir sa fin tant desiree
Par sa vie rompue ⁊ dessiree.
  Qui sera ce qui me desliurera
Et qui tel bien pour moy recouurera?
Las ce ne poeut estre homme mortel
Car leur pouoir ⁊ scauoir nest pas tel:
Mais ce sera la seule bonne grace
Du tout puissant/ qui iamais ne se lasse/
Par Jesuchrist:duquel il se recorde
Nous preuenir par sa misericorde.
  Las/quel maistre/sans auoir desseruy
Nul bien de luy/mais layant mal seruy
Et sans cesser offense chascun iour/
A mon secours ne faict pas long seiour.
Il voit le mal que iay/quel/⁊ combien/
Et que de moy ie ne puys faire bien/
Mais cueur/⁊ corps/si enclin au contraire/
Que nul pouoir ne sens que de mal faire.
  Il nattend pas que humblement ie le prie/
Ne que volant mon enfer a luy crie/

Rom. vii.
Peche habite
en moy.

Rom. vii.
Je voy vne au
tre loy en mes
membres repu-
gnante a la loy
de mon entende
ment.
Las/moy mal
eureux/ ⁊ q̃ me
deliurera du
corps de ceste
mort La grace
de dieu par Jes
suchrist.

Heb. iiii.
Il ny a nulle
creature inuisi-
ble a son regard
mais toutes cho
ses sont nues et
descouuertes
aux yeulx de
celluy.
Hierem. xvii.
Le cueur de tous
hommes est mauluais.

/

Par son esperit faict vng gemissement
Dans mon cueur/grand inenarrablemēt
Qui postule le don/dont le scauoir
Est incongnu a mon foible pouoir.
Et a lheure/cest ignore souspir
Me rapporte vng tout nouueau desir
En me monstrant le bien que iay perdu
Par mon peche/lequel bien mest rendu
Et redonne par sa grace q bonte
Qui tout peche a vaincu q dompte.
CO monseigneur/q quelle est celle grace
Quel est ce bien qui tant de maulx efface?
Vous estes bien remply de tout amour
De me faire vng si honneste tour.

    Helas mon dieu/ie ne vous chercheoie pas
Mais vous fuyoie en courant le grand pas
Et vous ca bas a moy estes venu
A moy qui suis ver de terre tout nud.

    Que dis ie/ver ie luy fais trop diniure
A moy qui suis tant infame q periure/
Dorgueil remply par mondaine raison
De falsite/malice/q trahison.

    La promesse que mes amys ont faicte
Du baptesme/que depuis iay refaicte
Qui est sans fin de vostre passion
Sentir en moy mortification
Estre tousiours auec vous en croix
Dy vous auez pendu/comme ie croix
Et rendu mort sa mort/q tout peche/

Marginal notes:

Rom. viii.
Lesprit mesme
prie pour nous
p genissemētz
inenarrables.

Jehan iii.
Car dieu a tant
apme le mōde/
quil a dōne son
seul filz.

Pseaul. cxlv.
Jay cure et deli-
uere de garder
les iugemētz de
ta iustice.
Rom. vi
Ignorez vo' ses
res / q nous so'
q ſmes baptis-
sez en Jesuchrist
q nous sommes
baptisez en sa
mort

Que souuént lay reprins & detache
  Rompue lay/denyee et faussee
Ayant si fort ma volunte haussee
Par vng orgueil plein dindiscretion.
Que mon debuoit & obligation
Estoit du tout oublie par parresse.
Et qui plus est/le bien de la promesse
Que teuz de vous le iour de mon baptesme
Et vostre amour:ien ay faict tout de mesme.

Marc chap.
dernier.
Qui croira & se=
ra baptise/il se=
ra sauhue.

Apo.iii.
Voicy/ie suis a
Huys/& frappe.

  Que diray ie? encore que souuent
De mon malheur vous vinslez au deuãt
En me donnant tant daduertissementz
Par parolle/par foy/par sacrementz/
Me admonnestant par predication/
Me consolant par la reception
De vostre corps tres digne et sacre sang/
Me promettant de me remettre au reng
Des bien eureux en parfaicte innocence/
Jay tous ces biens rempz en oubliance.
Ma promesse souuent vous ay rompue:
Car trop estoit ma paoure ame repue
De mauluais pain & damnable doctrine/
En desprisant secours et medicine.
Et quant aussi leusse voulu querir/
Nul ne cõgnois que eusse peu requerir.
Car il ny a homme/ny sainct/ny ange
Pour qui le cueur iamais du pecheur change.
  Las bon Jesus/volant ma cecite
Et que secours en ma necessite

Act.IIII.
Il ny a point de
salut en aulcun
aultre.

Ne puys avoir daulcune creature
De mon salut avez faict souuerture
Quelle bonte/mais quelle grand doulceur
Est il pere a fille/ou frere a soeur
Qui vng tel tour iamais eust voulu faire
Tant fust il doulx/piteux/q de bõnaire
Venir denfer mon ame secourir

I.Jeßan III.
En ce est charit=
e/nõ point pour=
tant q̃ nous aps
apme dieu/
mais pource q̃
luy premier no9
a apme.

Ou contre vous elle voulsit perir?
Sans vous aymer/sãs vo9 sauez aymee
O Charite ardente q enflammee/
Vous nestes pas daymer froid ne remps
Qui aymez tous/voire voz ennemys/
Non seulement leur voulant pardonner

Rom.V.
Quant nous es=
tiõs ennemyz/
nous auõs este
recõciliez a dieu
par la mort de
son filz.

Leur offense/mais vous mesme donner
Pour leur salut/liberte/deliurance
A mort/q croix/trauail/peine/q soufftance
    Quant ie pense qui est loccasion
Dont vous maymez/riens que dilection
Je ny puis veoir/qui vous mesme incite
A me donner ce que ie ne merite.

Epßes.ii.
Pour sa grand
charite de laql=
le no9 a apme
nous q vivifie
avec Christ.
I.Tim.I.
Au seul dieu hõ
neur q gloire.

    Doncques/mon dieu/a ce que ie puis veoir
De mon salut se gre ne dois scauoir
Fors avous seul:a qui ien dois lhonneur
Comme a mon dieu/saulueur/q createur.
Mais quest cecy?pour moy faictes vous tãt
Et encores vous nestes pas content

Epßes.ii.
Vo9 estes saul=
uez par la grace
de dieu/q foy.

De me avoir faict de mes pechez pardon/
Et de grace se tres gratieux don.
    Bien suffiroit saillant de tel danger

De me traicter ainſi que ung eſtranger.
Mais mon ame traictez ſi dite ſouze
Comme mere/ fille/ ſoeur/ & eſpouſe.

  Moy monſeigneur/ moy qui digne ne ſuis
Pour demander du pain approcher lhuys
Du lieu tres hault ou eſt voſtre demeure.
Et queſt cecy & tout ſouddain en ceſte heure
Daignet tirer mon ame en telle haultreſſe
Quelle ſe ſent d mon corps la maiſtreſſe.
Elle paoure/ ignorante/ impotente/
Se ſent en vous riche/ ſage/ & puiſſante
Pour luy avoit au cueur eſcript le rolle
De voſtre eſperit & ſacree parolle:
En luy donnant foy pour la recepvoit/
Qui luy a faict voſtre filz concepvoit:
En le croiant homme dieu & ſaulueur/
De tout peche le vray reſtaurateur.
Parquoy daignez laſſeurer quelle eſt mere
De voſtre filz/ dont vous eſtes ſeul pere.

  Et encores/ mon dieu/ voicy grand cas/
De bien faire vous ne vous laſſez pas:
Mais luy monſtrant que la diuinite
A prins le corps de noſtre humanite/
Et ſeſt meſſe auecques noſtre cendre.
Ce que ſans foy nul ne pourroit entendre.
Et par amour de nous tant approcher
Quil ſeſt vny auecques noſtre chair:
Le regardant comme ſoy nomme homme
Se dit ſa ſoeur: & frere elle le nomme.

B

Luc .v.
Je ne ſuis digne
deſtre appelle
ſon filz.

i. des Rois .ii.
Le ſeigneur de
en faict le pao-
ure/ et lenrichiſt.
Rom. .v.
La foy eſt par
ouyr: & louyr/ p'
la parolle de
Chriſt.

Philipp. .ii.
Chriſt a eſte
faict en la ſimi-
litude des hom-
mes/ et trouue
en habit comme
homme.

Bien doibt auoir le cueur ferme ꝗ asseur
Qui de son dieu se poeut dire la soeur.
Apres venez par grand dilection
Luy declairer que sa creation
Nest seulement que par le bon vouloir
Quil vous a pleu tousiours a elle auoir:
En laffairant que auant son premier iour
La preuoiant y auez iu amour.

Ephes. i.
Christ nous a
esleu en luy des
uant la constitu
tion du monde.

    Par ceste amour engendree sauez
Comme vous seul bien faire le scauez:
Et puis apres dans ce corps sauez mise
Non pour dormir/ ne pour estre remise:
Mais pour tous deux nauoit aultre exercice
Que de penser a vous faire seruice:
Alors luy faict bien sentir verite
Que vous y a vraye paternite.

    O quel honneur/quel bien/ꝗ quelle gloire
A ceste ame qui tousiours ha memoire
Quelle est de vous fille: ꝗ vous nommant
Pere/elle faict vostre commandement.
Qui a il plus: est ce tout: helas non.
Si vous plaist bien luy donner aultre nom:
Vostre espouse la nommez/ ꝗ de vous
Vous appeller son mary ꝗ espoux.

Osee ii.
Je te espouseray
a moy en foy.

Luy declairant comme dung franc courage
Auez delle iure le mariage:
Par le baptesme luy auez faict promesse
De luy donner vostre bien ꝗ richesse.
Ses maulx prenez: car riens que peche nha

Lequel Adam son pere luy donna.
    Doncques ne sont ses tresors que pechez/
Lesquelz sur vous / vous auez attachez:
Entierement ayez paye sa debte
Et de voz biens a tres grande recepte
Lauez si bien enrichie a douee
Que se sentant de vous femme aduouee
Se tient quicte de tout ce quelle doibt/
Peu estimant ce que ca bas elle voit:
Son vieulx pere / a tous ses biens quil donne
Pour son espoux de bon cueur habandonne.
    Draymět/mon dieu/mon ame est bien gastee
Estre par vous de tel bien appastee
En delaissant le plaisir de la terre
Pour sinfiny/ ou est vraye paix sans guerre:
Je mesbahis que tout soubdainement
Elle ne sort de son entendement.
Je mesbahis quelle ne deuient folle/
En perdant sens/ contenance /a parolle.
    Pere/ pere/ las que puis ie penser?
O sera bien mon esperit sauancer
De vous nommer Pere/oup/a nostre:
Ainsi sauez dit/en la Patenostre.
    Or bien pere/mais vostre fille/quoy?
Lauez vous dit:mon dieu dictes le moy.
Helas oup:quant par grande doulceur
Distes/Fille prestez moy vostre cueur.
O mon pere/ en lieu den faire prest/
De soy donner a vous du tout est prest:
                                    B ii

i. Pierre ii.
Christ a porte
noz pechez en so
corps sur le bois.

Matth. vi.
Quant vous prie
rez vous prierez
en ceste manie
re/ Nostre pere q
es es cieulx.&c.

Prouerb. xxiii.
Filz preste moy
son cueur.

Recepuez le/q ne bueillez permettre
Que loing de bous nul ly le puisse mettre;
Et que a iamais en fermete loyale
Je bous ayme dung amour filiale,
    Mais/mon seigneur/si boy estes mon peres
Puis ie penser/que ie suis bostre mere/
Bous engendzet/bous par qui ie suis faictes
Cest bien bng cas/dont ne scay la defaicte.

Math. xii.
Quiconques fe
ra la boidte de
mo pere q est es
cieulx/icelluy
est mon frere/et
ma seur.

Mais la raison/a ma doubte bien mises
Quant en preschant estendant boz bras/distes
Ceulx qui feront le bouloir de mon pere
Mes freres sont/et ma soeur/q ma mere.
    Je croy donques que en oyant ou lisant
La parolle que bous estes disant/
Et que auez dicte par boz sainctz q prophetes/
Et q encores par boz bons prescheurs faictes/
En la croiant/desirant fermement
De la complir du tout entierement
Que par amour ie bous ay engendre:
Dont sans crainte nom de mere prendray.
    Mere de dieu/doulce bierge Marie
Ne soyez pas de ce tistre marrie.
Nul larroncin ne fais/ny sacrilege/
Riens ne pretendz sur bostre priuilege.

Luc. i.
Car celluy q est
puissat ma faict
grandz choses.

Car bous seule auez sur toute femme
Receu de luy lhonneur si grand/ma dame/
Que nul esperit de soy ne poeut comprendre
Comme en bous a boulu nostre chair prendre.
    Mere q bierge estes parfaictement/

Auant/apres/ & en senfantement/
En Vostre sainct ventre sauez porte/
Nourry/seruy/ assaicte/conforte/
Suiuy auez ses predications/
Lacompaignant en tribulations
Brief Vous auez de dieu trouue sa grace/
Que lennemy par malice et falace
Auoit du tout faict perdre en Verite
Au paoure Adam/& sa posterite.

    Par Eue & luy / nous lauons tous perdue/
Par Vostre filz elle nous est rendue.
Vous en auez este pleine nommee
Dont nen est pas faulse sa renommee.
Car de grace/ de Vertuz/ & de dons
Nauez faulte:puys que le bon des bons
Et la source de bonte & puissance
Qui Vous a faicte en si pure innocence/
Que de Vertuz a tous estes exemple/
A faict de Vous sa demeure & son temple.
En Vous il est par amour confermee/
Et Vous en luy raupe & transformee.
De Vous cuider mieulx louer/cest blaspheme:
Car Vous louant / on se loue luy mesme.

    Foy auez eu si tres ferme & constante
Que par grace elle a este puissante
De Vous faire du tout deifiet:
Parquoy ne Veulx cuyder edifier
Louenge a Vous plus grande que lhonneur
Que Vous a faict le souuerain seigneur.

Luc i.
Tu as trouue grace enuers dieu

Jehan i.
La loy a este donnee par Moyse: la grace et la Verite est faicte par Jesuchrist.

Pseaul. ii.
Tu iz le seigne en son sainctuaire.

Pseaul. lxxxii.
Jay dit: Vous soiez dieux: et Vous tous soiez les filz du hault.

Car vous estes sa mere corporelle/
Et sa mere par foy spirituelle:
Mais en suyuant vostre foy humblement
Mere le suis spirituellement
    Mais mon sauueur/ de la fraternite
Que auez a moy par vostre humilite
Me appellant Soeur/en auez vous riens dit?
Helas ouy:car du pere mauldit
Auez rompu sa filiation
En me nommant fille de adoption.
    Or doncques/puis q̃ nous nauos q̃ ung pere
Je ne craindray de vous nommer mon frere.
Vous sauez dit en lieu bien autentique

Cantic. iiii.
Ma soeur/tu as
naure mõ cueur.

Par Salomon/en vostre douly cantique:
Disant/Ma soeur tu as naure mõ cueur/
Tu as naure mon cueur/par la doufceur
Dung de tes yeulx/ (dung de tes cheueulx?
Las mon frere/aultre bien ie ne veulx
Que vous naurant nauree me sentir/
Par vostre amour bien my veulx consentir.
    Pareillement Espouse me clamez/

Cantic. ii.
Lieue toy & te
haste mon es-
pouse & ma co-
lombe.

En ce lieu la monstrant que vous me aymez:
Et me appellez par vraye amour ialouse
Ma colombe/lieue toy mon espouse.

Cantic. ii.
Mon amy est a
moy/et moy a
luy.

Parquoy diray par amoureuse foy
Que a vous ie suis/ (vous estes a moy.
Vous me nommez amye/espouse (belle.

Cantic. iiii.
Mon espouse/
viens du liban.

Si ie le suis/vous mauez faicte telle.
Las vous plaist il telz noms me departir?

Ilz sont dignes de faire ung cueur partir/
Mourir/ bruslet/ par amour importable/
Pensant shonneur trop plus que raisonnable.
      Mere/ mere/ mais de quel enfant?
Cest dung tel filz que tout le cueur men fend.
Mon filz/mon dieu/Jesus/o quel langaige?
Pere/fille/o bieneureux signaige?
Que de doulceur/que de suauite
Dient de ceste doulce paternite?
Mais quel amour doibz ie auoir filiale?
Quelle craincte bien reuerentiale?
Mon pere/ quoy? Voire mon createur/
Mon protecteur et mon conseruateur/
Voſtre soeur?las Voicy grand amptie/
Or fendez Vous mon cueur par la moictie:
Faictes place a ce frere tant doulx/
Et que luy seul soit enferme en Vous:
Sans que ung aultre iamais y prenne lieu/
Fors Jesus seul/mon frere/ filz de dieu,
A nul aultre ne Vueil tendre la place
Pour bature ou myne que en me face.
      Gardez mon cueur/ mon frere/a mon amy/
Et ny laissez entrer Voſtre ennemy.
O mon frere/pere/enfant/a espoux/
Les mains ioinctes/humblement a genoulx
Graces Vous rendz/ mercy/gloire/a louenge/
Dont il Vous plaiſt moy terre/cendre/a fange
Mon cueur a Vous tourner a conuertir
Et de grace si bien me reueſtir.

i. de Pierre iiii.
Charite couure
la multitude
des pechez.

Et me couurir que mes maulx & pechez
Ne Volez plus/ tant les auez cachez/
Si que de Vous semblent en oubly mys:
Voire & de moy qui les ay tous commis:
Foy & amour men donnent oubliance/
Mettant du tout en Vous seul ma fiance.

Jaques iii.
Car nous tous/
offensons en plu
sieurs choses.

Donques/ pere/ ou gist amour non feincte/
De quoy puis ie en mon cueur auoir crainte?
Je confesse auoir faict tous les maulx
Que faire on peut/et que riens ie ne Vaulx/
Et que Vous ay comme lenfant prodigue
Habandonne/suyuant la folle ligue:
Ou despendu iay toute ma substance/
Et tous Voz biens receuz en habondance/
Mais paourete ma seiche/comme fein/
Et mon esperit rendu tout mort de faim/
Cercheant manger le reslief des pourceaulx:
Mais peu d goust trouuoie en telz morceaulx.

Luc pv.
chz pere/ iay pe
che au ciel et de
uant toy: et ne
suis maintenāt
digne destre ap
pelle ton filz.

Dont en Voiant mon cas mal attourne/
A Vous/mon pere/par Vous suis retourne.
Las/iay peche au ciel & deuant Vous:
Digne ne suis/ie le dy deuant tous
Me dire enfant: Mais / pere debonnaire/
Ne me faictes pls que a Vng mercenaire.
Las/ quest cecy: pas nauez attendu
Ma priere/mais auez estendu
Vostre dextre: me Veiant recepuoir
Quant ne pensoye que me daigneissez Veoir:
En lieu dauoir par Vous punition

Il neſt iuge qui puiſſe condemner
Nul/ puis que dieu ne le veult point damner.
Ie nay doubte dauoir faulte de biens/
Puis que mon dieu pour mon pere le tiene,
Mon ennemy nul mal ne me fera/
Car mon pere ſa force deffera.
Si le doiß tiens/ il payra tout pour moy:
Si iay gaigne ſa mort/luy comme roy
Me donnera grace ⁊ miſericorde/
Me diſliurant de priſon ⁊ de corde.

    Mais voicy pis/quelle mere ay ie eſte
Apres auoir par foy ⁊ ſeurete
Receu le nom de vraye ⁊ bonne mere:
Trop ie vous ay eſte rude ⁊ amere:
Car vous ayant conceu ⁊ enfante
Laiſſant raiſon ſubiecte a volunte/
Sans vous garder ie me ſuis endormye/
Et donne lieu a ma grande ennemye
Qui eſt la mort dignorance/en dormant
Vous a roßße pres de moy:finement
En voſtre lieu ma mys le ſien tout mort:
Perdu vous ay/qui meſt vng dur remort:
Perdu vous ay/par ma faulte/mon filz.
Car trop de vous mauluaiſe garde feiz

    Ma voiſine ma ſenſualite
En mon dormir de beſtialite
Ma priuee de vous/par ſon ennuye:
En me donnant vng aultre enfant ſans vie:
Qui eſt peche.duquel ie ne vueil point:

                                         C.

iii. des Roys iij.
L efant de ceſte
femme cy eſt mort
la nuict:car elle
eſtoit endormye
auec luy. laqlle
ſeſt leuee a myn
nuict:⁊ a prins
mon filz qeſtoit
au pres de moy/
et ſa chambrere
dormoit:ſi la
mis repoſer en
tre ſes bras.

Je le quicte du tout: Voylà le poinct.
Elle ma dit quil est mpen/cest a elle:
Car aussi tost que vins a la chandelle
De la grace que vous mauez donnée
Je congnuz bien ma gloire estre tout neel
Volant le mort estre mpen: car le vif
Quelle auoit prins estoit le mpen neif.
Entre Jesus/& pcche/est le change
Trop apparent. mais voicy cas estrange
Ceste vieille me faict le mort tenir
Quelle dit mpen/& le viult maintenir.

O vray iuge Salomon veritable
Vous auez le proces lamentable/
Et ordonne contentant les parties:
Que mon enfant fust mys en deux parties
La traistresse sy est bien accordée.
Mais quant me suys de mon filz recordée
Plus tost en veulx souffrir priuation
Que de son corps la separation.
Car vraye amour bien parfaicte & ardente
De la moitie iamais ne se contente.
Jaymie trop mpeulx du tout ploier ma perte
Que de lauoir a demy recouuerte.
Peu satisfaict autoye a mon enuye
Si la moitie de luy auoys sans vie.
Las donnez luy plus tost lenfant viuant
Bien meilleur mest que ie meure deuant
Que de souffrir Jesuchrist diuise.
Mais/mon seigneur/mieulx auez aduise

Car en voiant mon mal en tout endroictz/
Et que plus tost renoncoye a mon droit
Que de souffrir faire si grand rudesse/
Distes de moy/ Cest la vraye mere est ce
En me faisant mon enfant rebaisser.
Pour qui voiez mon cueur tant travaillet.

O doulx Jesus/vous ay ie retrouue
Apres auoir par ennuy esprouue
Si vous aymoie: moy qui vous ay perdu
A moy mesmes vous vous estes rendu.
Las daignez vous a ceste reuenir
Qui par peche ne vous a peu tenir?
Mon doulx enfant/mon filz/ma nourriture/
Duquel ie suis tres humble creature/
Ne permettez que iamais ie vous laisse:
Car du passe me repens a confesse.

Or venez donc/ ma sensualite/
Venez pechez de toute qualite:
Vous nauez pas pouoir par nul effort
De me faire recepuoir lenfant mort
Cestuy que iay est fort pour moy deffendre:
Car luy mesme ne se laistra plus prendre:
Desia est grand a plus fort que nul homme/
Parquoy ie puis dormir a prendre somme
Aupres de luy: car tout bien regarde/
Me gardera mieulx que ne lay garde.
Bien reposer me puis donc ce me semble.
O quel repoz de mere a filz ensemble?
Mon doulx enfant/ mon dieu/honneur a gloire

C ii

Laatre disoit
Quil ne soit ne
a'moy ne a toy/
parlisses te.

Le roy dist
Baillez a ceste
cy sasat vif a ne
le petissiez pollz
car elle est la
mere.

Pseaul. pplijj.
Le seigneur est
fort et puissant/
le seigneur est
puissant en ba
taille.

Sap.sp.
Il me gardera
en sa puissance.
Hieremie plij.
Donnez gloire
au seigneur voz
sire dieu.

Soit a vous seul/ z a chascun notoire
De ce quil plaist a voftre humilite/
Moy moins que riens toute nichilite:
Nommer mere plus eft le cas eftrange
Et plus en ha voftre bonte louenge.
Plus que iamais a vous me fens tenue/
Dont il vous plaift foeur mauoit retenue.
Soeur le vo? fuis/mais ceft foeur fi maufualfe
Que mieulx pour moy vault q ce nom le taife:
Car oublyant le nom du parentage
Ladoption de fi noble lignage
Voftre tant doulx z fratetnel recueil

Domb. pij.
Marie z Aaron
ont parle contre
Moyfe/pour fa
femme Ethyo
piffe.

Montee fuis contre vous en orgueil.
De mes fauftes ne me fuis recordee
Mais meflongnant de vous fuis accordee
Auec Aaron mon frete en trahifon/
Voulant donner a voz oeuures raifon.
En murmurant de vous tout en fecret
Dont en mon cueur doib porter grand regret.
    Helas mon dieu/ mon frete/ z vray Moyfe
Debonnaire/z tres doulx/ fans feintife
Qui tout faictes en bonte et iuftice/
Jay eftime voz oeuures eftre vice/
Ofant dire par facon trop legiere/
Pourquoy auous efpoufe leftrangiere?
Vous nous donnez loy z punition/
Sans y vouloir auoit fubiection.
Vous nous faictes de mal faire deffenfe/
Et pareil mal faictes/ fans confcience.

Vous deffendez de ne tuer aulcuny :
Mais pour vng iour bien plus de vingt et vng
En tuastes/ et les feistes deffaire.
Commandement dieu par vous nous feit faire
De ne espouser fille de lestranger/
Mais vostre espouse en prinstes/sans danger.
　　Las mon frere/tant de telles parolles
Que ie congnois et scay bien estre folles/
De vous ay dit:dont le regret ien sens.
Car en cela iestois soing de bon sens.
Mais par grace la viue voix de dieu
Bien me reprint/auant partir du lieu.
Que feistes vous alors de mon peche?
Las mon frere vous feustes empesche
Non pour prier pour ma punition/
Mais pour mon bien et ma remission:
En demandant par tres grand benefice
Quil pleust a dieu mitiger sa iustice.
Ce que du tout ne peustes obtenir/
Car ladresse me conuint deuenir:
A celle fin que voiant mon visage
Chascun congneust que nauois este sage.
　　Ainsi ie feuz mise comme ladresse
Hors des tentes du peuple/ et de la presse.
Car mieulx ne poeut vne ame estre punie
Que deslongner sa saincte compagnie
Des fidelles vertueux/bons/et sainctz:
Qui ne sont ladres par peche/mais sont sains.
Que aues vous faict voiant ma repentance?

Nomb. pse.
Et voicy Marie
apparut lepre
blanche comme
neige.
　Marie donc et
este deiectee
hors des tentes
sept iours.

Nomb. pii,
Moyse cria au
seigneur / disãt:
Dieu / le te prie
guarys icelle.

Vous auez mys fin a ma penitence:
Par vray amour en vous non se soutrée
Auez prié / ꜩ ie suis resoutnée.

O quel frere / qui en lieu de punir
Sa folle soeur / la veult a luy vnir:
Pour iniure / murmure / ꜩ grande offense/
Grace ꜩ amour luy donne en recompense.
Cest trop / cest trop / helas cest trop mon frere:
A moy paoure ne debuez tel bien faire.
Jay faict le mal / ꜩ vous me rendez le bien:
Vostre ie suis / ꜩ vous vous dictes myen:
Vostre ie suis / ꜩ vostre doublement:
Et veulx estre vostre eternellement.
Plus ie ne crains de Aaron la grand folye/
Nul ne sera qui de vous me deslye.

Esaie liiii.
Le seigneur a
dit: Ceste hers
tage des servi-
teurs de dieu/
est enuers moy.

Puis que frere ꜩ soeur ensemble sommes
Il me chault peu de tous les aultres hommes.
Vostre terre est mon vray heritage:
Ne faisons plus sil vous plaist ꜩ vng mesnage.
Puis quil vous plaist tant vous humilier
Que vostre cueur auec le myen lyer/
En vous faisant homme neifuement/
Je vous en rendz graces tres humblement:
Comme ie dois nest pas en ma puissance:
Prenez mon cueur / excusez lignorance
Puis que ie suis de si bonne maison/
Et vostre soeur: mon dieu lay bien raison
De vous louer / aymer / seruir / sans feindre
Et riens fors vous ne desirer / ne craindre.

Gardez moy donc/a Vous me recommande:
Aultre frere/ny amy ne demande,
Si pere a eu de son enfant mercy/
Si mere a eu de son enfant soucy/
Si frere a soeur a couuert le pechè/
Je nay point Veu/ou il est bien cachè:
Que nul mary pour a luy retourner
A sa femme ayt Voulu pardonner.
Assez en est / qui pour Venger leur tort/
Par les iuges les ont faict mettre a mort.
Aultres/ Voiantz leur pechè tout soubdain
A les tuer nont espargne leur main:
Aultres/Volantz leurs maulx trop apparentz
Renuoiees les ont chez leurs parentz:
Aultres/cupdantz punir leur mauuais tour /
Enfermees les ont dans Vne tour.
Bref/ regardez toutes complexions/
La fin nen tend que a grandz punitions.
Et le moins mal que ien ay peu scauoir
Cest que iamais ilz ne les Veulent Veoir.
Plustost ferez tourner le firmament
Que dung mary faire sappoinctement
Auecques sa feme / pour Vng mal quel a faict/
Quant il a Veue ou prinse en son meffaict.

    Parquoy mon dieu/nulle comparaison
Ne puis trouuer en nul temps ne saison/
Mais par amour qui est en Vous si ample/
Icy estes seul a parfaict exemple.

    Doncqs mon dieu plus que iamais confesse/

Ose. ii.
Je te espouseray
a moy a iamais

Que le vous ay faulse foy et promesse.
Car espouse mauiez constituee/
Et en lestat dhonneur instituee.
Mais quel honneur destre au lieu de lespouse
Qui doulcement pres de vous se repouse:
De tous voz biens reyne/maistresse/et dame/
En seurete de corps/ dhonneur/et de ame.

Moy villaine point ne fault que ie oublye
Par vous/ tres noble/noblement anoblye.

Pseaul. xcliii.
Prenons deuant
dieu/lequel nous
a faict.

Brief/plus de biens quon ne poeut desirer
Auois de vous: dont sans fin souspirer
Doibt bien mon cueur/ iusqz a partir du corps:
Et par ploret mes yeulx saillir dehors.
Trop ne pourroit ma bouche faire criz/
Veu que nouueaulx ne anciens escriptz
Nont iamais faict si piteux cas entendre
Comme cellup dont compte ie veulx rendre.

Ezechiel
xxxvi.
Maison Disrael
apez honte et cõ
fusion de voz
voies.

Le diray ie? loseray ie annoncer?
Le pourray ie sans honte prononcer?
Helas oup: car ma confusion
Est pour monstrer la grand dilection
De mon espoux. par quoy ie ne fais compte
Pour son honneur de declarer ma honte.

O mon saulueur/ pour moy mort crucifix/
Ce faict nest tel que de laisser ung filz/
Ny comme enfant son bon pere offenser/
Ny comme soeur mutinter ou tenser.

Las cest bien pis: car plus grand est loffese
Ou plus y a damour ou congnoissance

Plus on recoit de son dieu priuaute
Plus luy faillir est grand desloyaulte·

　Moy qui estoie nommee espouse et femme/
De vous aymee comme vostre propre ame
En ditay ie la Verite/ouy·
Laisse vous ay/oublye/et fouy:
Laisse vous ay/pour suyuir mon plaisir:
Laisse vous ay/pour vng mauluais chosir:
Laisse vous ay/source de tout mon bien:
Laisse vous ay en rompant le lien
De Vray amour et loyaulte promise:
Laisse vous ay:mais ou me suis ie mise:
Au lieu ou na que malediction·
Laisse vous ay l'amy sans fiction/
L'amy de tous digne destre estime/
L'amy/aymant premier que destre ayme:
Laisse vous ay/o source de bonte
Par ma seule mauluaise volunte·
Laisse vous ay/le beau/le bon/le salge:
Le fort du braz/et le doulx de couraige/
Laisse vous ay:et pour mieulx me retraire
De vostre amour ay prins vostre contraire·
Cest sennemy/et le monde/et la chair/
Qui sur la croix vous ont couste si cher/
Pour les vaincre et mettre en liberte:
Moy qui par eulx long temps auoie este
Prisonniere/esclaue/et tant siee
Que ne pouoie plus estre humiliee
Et de tous trois ie me suis accointee·

　　　　　　　　　D

Hieremie.ii.
Jay delaisse ma
maison/ iay de-
laisse mon heri-
tage·

Deut.xxxii.
Il a delaisse di-
eu son facteur/et
sest retire de di-
eu son saluaire·

Galat.iiii.
Par laquelle li-
berte Christ nous
a affranchys·

Et de tous cas auec eulx appoinctee/
Et propre amour/q'il est trop faulse ꝗ felincte

Prouerb. i.
Les imprudẽtz
ha̅ront science.

A charite de vous en moy exteincte/
Tant que le nom de Jesus mon espoulx/
Que parauant iauoie trouue si doulx/
Auoie quasi en hayne ꝗ fascherie/
Et bien souuent en faisoie mocquerie.
Si on disoit/ en oyant vng sermon
Il a bien dit.ie respondoie/Ce a mon.
La parolle sen boloit/comme plume/
A leglise ne alloie que par coustume.
To⁹ mes beaulx faictz nestoiẽt ꝗ hppocrisie/
Car iauoie bien ailleurs ma phantasie/
Il me ennuyoit de oupr de vous parler:
Je aymoie bien mieulx a mon plaisir aller.

    Pour faire court/ tout ce que deffendez
Je le faisoie:ꝗ ce que commandez/
Je le fuyoie/et le trouuoie amaier:
Tout par faulte/mon dieu/de vous aymer.

    Mais mon seigneur/pour vous auoir hay/
Habandonne/laisse/foup/trahy/
Et vostre lieu a vng aultre donner/
Me regardant a luy habandonner
Auous souffert que ie fusse huee/
Monstree au doigt/ou battue/ou tuee:
Mauous mise en prison tres obscure/

Joel ii.
Retournez vo⁹
au seigñr vostre
dieu:car il est

Du banype/sans auoir de moy cure?
Mauous oste voz dons/ꝗ voz ioyaulx/
Pour me punir de mes tours desloyaulx?

Ay ie perdu mon douaire prompt/
Pour ses pechez que enuers vous iay commis?
Feuz ie par vous en iustice accusee/
Comme femme meschante a abusee?
A tout le moins/auous point faict deffense
Que iamais plus deuant vostre presence
Neusse a venir/comme cestoit raison/
Ne plus rentrer dedans vostre maison?

   O vray espoux/mary inestimable/
Parfaict amy/sur tous les bons amable.
Vous auez bien en moy faict aultrement:
Car cherchee mauez diligemment/
Comme brebiz errante au plus profond
Du puitz denfer/ou tous les maulx se font.
Moy qui estois de vous tant separee/
Et en mon cueur/a mon sens esgaree.
Appellee mauez a haulte voix/
En me disant:Ma fille/oy/a vois/
Et encline enuers moy ton oupel/
Et ton peuple ou tu ten es soupe.
Oueille oubliet/a de ton premier pere
La grand maison/ou as faict ton repaire:
Et le roy plein de toute loyaulte.
Connoitera a lheure ta beaulte.

   Mais quant ce doulx a gracieux prier
Ne me seruoit/vous veniez crier/
Venez a moy vous tous qui par labeur
Estes lassez a chargez de douleur/
Ie suis celluy/qui vous recepueray/

         D ii

benins a miseri
cordieux:il est
patiat et de grat
de misericorde/a
pardonne seigne
rement sa mali
ce.

Luc p8.
Iay trouue ma
ouaille laquel s
se estoit perdue.

Neout.p.liiii.
Fille escoute
et vois/et enclis
ne ton aureille:
a oublie ton peu
ple/ a ta mais
son de ton pere.

Matt.p.pl.
Venez a moy
qui labourez et
estes chargez: et
ie vous soula
geray.

Et de mon pain refectionneray.

　　Las/tous ces motz ne voulois escouter/
Mais qui plus est/en les oyant doubter.
Si cestoit vous/ou non: par aduenture.
Ce nestoit tiens/que vne simple escripture/
Car iusques la/iestole bien si folle
Que sans amour lisole vostre parolle.
Ie veole bien que ses comparaisons/
De la vigne/qui vous donnoit poysons
Et labrusques en lieu de fruict parfaict/
Estoit pour moy:qui ainsi auole faict.
Assez pensole que les vocations
De lespouse & appellations:
Disant/tournez/retournez Sunamitte/
Estoit affin que de tout se limite
De mon peche le voulsisse saillir/
Ou en pitie me voyez defaillir.
De tout cela/semblant ne faisole mye:
Mais quant ie vins a lire Hieremie/
Ie confesse que ie euz en ce passage
Crainte en mon cueur/& honte en mon visage:
Ie le ditay/vostre sa larme a loeil/
A vostre honneur/rabaissant mon orgueil.

Hieremie iii.
Si lhomme des
laisse sa femme/
et que en soy des
partat de luy et a
se pienne vng
aultre mary/re
tournera ildes
vers elle et esser

Vous auez dit par vostre sainct Prophete:
Si sa femme au mary sest forfaicte/
En le laissant/& dung aultre abusee/
Iamais ne fut/ny son a veu vsee/
Que le mary la vueille rappeller/
Ny plus la veoir/ny a elle parler.

N'eſt elle pas eſtimee poſlue/
Tres meſchante/ꝗ de nulle value?
La foy conſent a iuſtice la rendre/
Et la chaſſer/ſans la vouloir reprendre.

　　Mais toy/ qui as faict ſeparation
De mon douly lict/par fornication.
Auec aultruy meſchantement commettre/
Et en mon lieu tes faulx amateurs mettre/
A moy tu peulx touteſſois reuenir:
Car contre toy courtoup ñe vueil tenir.
Lieue tes peulx/ꝗ regarde bien droit/
Et tu voirras en quel lieu ꝗ endroit/
A ceſte heure ton peché ta menee/
Et ou tu gyz en terre proſternee.

　　O paoure ame: regarde ou tu tes miſe/
Sur les voies du grand chemin aſſiſe:
Du tous paſſantz pour mal tu attendois:
A aultre fin certes tu ne tendois/
Comme ung larron cache en ſolitude
A les tromper tu mettois ton eſtude.
Parquoy ayant ta malice accomplye/
Tout alentour de toy tu as templye
Et couuerte de ton infection
Toute la terre/par fornication.
Ton viſaige/ton oeil/ton front/ta face/
Auoit change du tout ſa bonne grace.
Car tel eſtoit que d'une meretrice:
Et ſi n'as eu vergongne de ton vice/
　　Et le ſurplus que Hieremie dit:
　　　　　　　　　　D.iii.

Ceſte femme ne ſera elle pas ſouillee et polluee: Mais toy/ tu as faict fornication auec pluſieurs amoureux: touteſſois retourne toy vers moy (dit le ſeigneur) et ie te recepuray.

Esleue tes peulx en hault/ et regarde ou tu es proſternee.

Tu te ſeoles aux voies en les attendant: tu eſtois comme le larron aguettant au deſert.

Tu as ſouille la terre en tes fornications/ et en tes malices.
Tu as eu ung front de femme paillarde et n'as point voulu auoir honte.

Prouerb.p8.
Qui contraignoit mon cueur sans contredict
De congnoistre mon estat maleureux/
Et reiecter par souspirs douloureux
Lheure/le iour/le temps/le mois/lannee/
Que Vous laissay/me laissant condemnee/
Par moymesme iugeant mon cueur infame/
Destre sans fin en seternelle flamme.

Prouerb.p8.
Par la crainte
de dieu chascun
est deliure du
mal.

Ceste crainte qui de moy ne procede/
Mais Vient de Vous qui tout plaisir excede/
Mauoit quasi par Viue congnoissance
De mon peche mise en desesperance/
Si neust este que ne mauez laissee
Car aussi tost que auez Veu abbaissee
Ma Volunte soubz Vostre obeyssance/
Auez Vse de Vostre grand clemence/

Sap.iii.
A cestuy sera
donne le don
esleu de soy/et
part tresaccepta
ble au temple
de dieu/

Mettant en moy Vne si Viue foy/
Que Vous sachant mon seignr/maistre a roy/
De qui debuoie par raison auoir crainte/
Par Vray amour ma paour fut toute exteincte/
En Vous croiant mary si gracieux/
Bon/doulx/piteux/misericordieux/
Moy qui plustost me debuoye cacher
Nay eu crainte de Vous asser chercher.
    A Vous me suis Vous cherchant retiree:
Mais parauant iestoie de Vous tiree.
Que auez Vous faict/mauez Vous refusee?
Helas mon dieu nenny/mais excusee.
Auous de moy tourne Vostre regard?
Non/mais Vostre oeil ma este Vng doulx dard/

Qui ma nauré le cueur iufques a la mort?
En me donnant de mes pechez remort,
Repoulfee ne mauez de la main:
Mais a deux bras dilg cueur doulx [et] humaï/
Me eftes venu embraffant approcher/
Sans mes faultes en riens me reprocher.
Point nay congneu a voftre contenance/
Que apez iamais apperceu mon offenfe:
Vous auez faict de moy auffi grand fefte/
Que fi iauoie efte bonne [et] honnefte:
Courrant a tous ma faulte [et] mon delict.
Me redonnant la part de voftre lict/
En me monftrant que mes pechez diuers
Par la bonte de vous font fi couuertz/
Et fi vaincuz par voftre grand victoire/
Que nen voulez iamais auoir memoire:
Et que grace en moy auez enclofe/
Qui vous garde de ny veoir aultre chofe
Si non les dons donnez de voftre dextre/
Et les vertuz quil vous y a pleu mettre.
    O charite/bien voy que voftre ardeur
Icy brufle [et] deffaict ma faideur/
Et me refaict creature nouuelle/
Pleine de dieu qui me faict eftre telle.
Ce qui eft mpen auez du tout deftruict/
Sans plaiffer renommee ne bruyt:
En me daignant fi parfaicte refaite/
Que tous les biés que mon efpoux poeut faire
A vne ame/vous lauez faict a moy/

Luc .xv.
Le pere meu de mifericorde acscourut [et] cheut fur le col dicel luy et le baifa.

Luc .xv.
Ainfi fera ioye au ciel fur vng pecheur faifant penitence.

i. Pierre iiii.
Charite couure fa multitude des pechez.

Deut. iiii.
Le feigneur noftre dieu eft vng feu confummát.

Galat.i.
Lequel vous a
appelle a la gra
ce de Christ.

En me donnant de ses promesses foy,
Or ay ie donc/par vostre bonne grace/
De lespouse recouuerte sa place.
Bieneureux lieu/place tant desirable/
Gracieux lict/throne tres honorable/
Siege de paix/repoz de toute guerre/
Hausdays dhonneur/separe de la terre/
Recepuez vous ceste indigne personne/

i.Thessal.ii.
Lequel vous a
appellez en son
regne et sa gloi
re.

Me redonnant le sceptre & la couronne
De vostre empire/& royaume de gloire?
Qui ouyt onc parler de tel hystoire/
De moins que riens esleuer si treshault/
Faire valoir qui de soy riens ne vault?
Las/quest cecy/iettant en hault ma veue/
Ie voy en vous bonte si incongneue/
Grace/& amour si incomprehensible/
Que sa veue men demeure inuisible/
Et par force faict mon regard cesser?
Qui me contrainct en bas mes yeulx baisser.

Threnes.i.
Car iay esté fai
cte vile.

A lheure/ voy en ce regard terrestre
Ce que ie suis/et ce que ay voulu estre.
Helas le voy de mes maulx la saydeur/
Lobscurite/lextreme profondeur/
Ma mort/mon rien/& ma nichilite
Qui rend mon oeil clos par humilite.
Le bien de vous qui est tant admirable/

Pseau.lxxxxii.
Mais toy/es
seul tresgrād en
toute la terre.

Le mal de moy trop inconsiderable/
Vostre haulteur/vostre essence trespure/
Ma fragilite et mortelle nature/

Voz dons/voz biens/vostre beatitude/
Ma malice (a grande ingratitude.
Quel vous me estes/a quelle ie vous suis:
L'ung a l'aultre comparer ie ne puis.
Qui me faict bien sans fin esmerueiller/
Comme si fort vous a pleu trauailler/
Pour vous vnir a moy contre raison:
Veu quil ny a nulle comparaison.

   Vous estes dieu/ie suis vostre facture:
Mon createur/moy vostre creature:
Brief/ne pouant ce que cest diffinir/
C'est ce que moins a vous se peut vnir.

   Amour/amour/vous auez faict l'accord/
Faisant vnir a la vie la mort.
Mais l'union a mort vliflee
Vie mourant de amour deiflee/
Vie sans fin/a faict nostre mort vliue/
Mort a donne a vie mort neifue.
Par ceste mort/moy morte recoy vie
Et au viuant/par sa mort ie suis raupe;
En vous ie vys/quant a moy ie suis morte/
Mort ne mest plus que dune prison porte.

   Vie mest mort:car par mort suis viuante/
Vie me rend triste/a mort me contente.
O quel mourir/qui faict mon ame viure/
En la rendant par mort/de mort deliure.
Vnie a vous par amour si puissante/
Que sans mourir elle meurt languissante:
   A elle tort l'ame/qui mort vouldroit

E

Pseaul.
lxxxii.
Seigneur dieu
qui est cellui q
te sera sembla
ble

Heb. iii.
Cellui q a tou
les choses cree
est dieu.

i.Corinth. xv.
La mort est ab
sorbee en victo
re.

Osee pii.
Je les deliure
ray de la main
de mort.

Pour vng tel bien:itelluy/elle ĥabonȝoit:
Car pour auoir vie tant estimee
Bien doibt nommer sa mort sa bien apriee.

　　O doulce mort gracieuse douseur/
Puissante clef deliurant de malħeur
Ceulx qui par mort estoient mortifiez/
Par foy sestre en vostre mort fiez:
Dous les auez mys par vng dousp dormir
Hors de la mort qui les faisoit geinir.

　　Las/bieneureux est de mort le sommeil
A qui trouue sa vie a son reueil:
Par vostre mort/sa mort nest au chrestien
Que liberte de son mortel spen.
La mort qui est au mauluais effrayable/
Elle est aux bons plaisante et aggreable.

　　Oz est donc mort par vostre mort destruicte:
Parquoy mon dieu si lestole bien instruicte
La mort dit ope vie/et vie mort:
Fin de labeur/et entree de seur port:
Car de vie sa grant fruition
Mempeschent trop de vostre vision.

　　O mort venez/rompez moy cest obstacle:
Du bien/amour/faictes en moy miracle/
Puis que par mort encores ne puis voir
Mon doulx espoux/par vostre grand pouoir
Transformez moy en lup toute viuante/
Et en repos ie attendray mieulx sattente.
Faictes moy donc en lup viuant mourir)
Aultre que vous ne me poeut secourir.

O mon sauueur/par foy ie suis plantee/
Et par amour en vous ioincte & entee/
Quelle vnion quelle bieneuretez
Puis que par foy iay de vous seurete/
Nommer vous puis par amour hardiement/
Filz/pere/espoux/et frere/entierement.
Pere/frere/filz/mary/o quelz dons/
De me donner le bien de tous ces noms?
O mon pere/quelle paternite?
O mon frere/quelle fraternite?
O mon enfant/quelle dilection?
O mon espoux/quelle coniunction?
Pere enuers moy plein de mansuetude/
Frere ayant prins nostre similitude/
Filz engendre par foy & charite/
Mary aymant en toute extremite.

Rom. pli
Contre nature
tu es ente en bo=
ne oliue.

    Mais qui est ce que vous aymez? helas/
Celle que auez retiree des lacqs
Ou elle estoit ipee par malice/
Luy redonnant le lieu/nom/ & office
De fille/soeur/mere/espouse/o sauueur/
Ceste doulceur est de grande saueur/
Tres plaisante & tres doulce a gouster/
Parlant a vous/ou bien/vous escouter:
Vous appellant pere parlant a vous
Sans crainte auoir/enfant/frere/& espoux.
Vous escoutant/ie me oy mere nommer
Soeur/fille/femme/las cest pour consummer/
Fondre/bruler/du tout aneantir.

Iehan .i.
A tous ceulx qui
sont receu a bo=
tie puissance des
stre faitz
filz de dieu/
iceulx croians
en son nom.

Deut. pli.
Il no' a deliure
de la maison de
seruitude.

Ieremie /iii.
Tu me appel=
leras Pere.

Lame qui poeut ceste doulceur sentie.
Est il amour aupres de ceste cy/
Qui trop pleine ne soit de mauluais si?
Est il plaisir dont son poeust tenir compte?
Est il honneur que lon nestime a honte?
Est il prouffit que son doye estimer?

Philipp. iii.
Jay estime tou
tes choses come
fientz/affin que
ie gaigne Christ

Brief est il rien/que plus le sceusse aymer?
Helas nenny:car tous ces mondains biens
Qui ayme dieu/repute moins que fientz.
Plaisir/prouffit/z honneur/sont coruee
A qui lamour de son dieu a trouuee.

Pseaul. c.vi.
Le seigneur a
saoulle de biens
lame esuriente.

Amour de dieu est si plaisant prouffit/
Et tant dhonneur que seule au cueur suffit.
Elle rend content/ie le puis dire/
Tant que riens plus/ne veult/ny ne desire.
Car qui ha dieu/ainsi quil se commande/
Oultrageux est qui aultre bien demande.
Or vous ay ie par vne foy latente:
Parquoy ie suis satisfaicte z contente.
Or vous ay ie mon pere pour deffense/

Judith. vi.
Le dieu du ciel
est leur deffen
seur.

Des folyes de ma trop longue enfance.
Or vous ay ie/ mon frere / pour secours
De mes ennuyz/que ie ne trouue cours.
Or vous ay ie mon filz pour ma vieillesse
Le seul baston/support de ma foiblesse.
Or vous ay ie lespoux sans fiction/
De tout mon cueur la satisfaction.
Puis que vous ay/ ie quicte le surplus:
Puis que vous tiens/ie ne vous lairray plus.

Puis que Vous voy/riens ne veulx regarder/
Qui de Vous veoit me puisse engarder.
Puis que Vous oy/aultre ne veulx ouyr
Qui mempesche de Vostre voix ouyr.
Puis que propos a Vous ie puis tenir/
Aultre que Vous ne veulx entretenir.
Puis quil Vous plaist pres de Vo⁹ me apprcher/
Plustost vouldroye mourir/que aultre toucher.
Puis que Vous sers/ie ne veulx aultre maistre:
Puis que a Vo⁹ suis/a aultre ie ne veulx estre.
Puis que mon cueur au Vostre avez Vny/
Sil sen depart/quil soit sans fin puny.
Car plus dur est que la damnation
Sentir de Vous la separation.
Dix mille enfers nestime tant de peine/
Que d Vous perdre Vng seul iour la sepmaine.

    Helas mon dieu/mon pere createur/
Ne souffrez pas lennemy inuenteur
De tout peche auoir ceste puissance/
Quil me face perdre Vostre presence.
Car qui a faict de sa substraction
De Vostre amour Vraye probation/
Il dira bien quil vouldroit mieulx en fer
Estre sye a iamais en enfer/
Que retomber encor Vng seul moment/
Au mal que faict de Vous lessongnement.

    O mon sauueur/plus ne le permettez
Mais en tel lieu sil Vous plaist/me mettez
Que mon ame par peche ou folye/

Pseaul. lxxxiiii.
Ie escouteray q dira dieu le seigneur:car il parlera paix a son peuple z a ses saintz.

Cantic. ii.
Ie lay tenu:et ne le laisseray.

Pseaul. xxxvii.
Seigneur/ne te departz de moy.

De Voſtre amour iamals ne ſe deſſpr.
En ce monde ne puis parfaictement
Auoit ce bien qui me faict ardemment
De tout mon cueur en deſirer lyſſuel
Sans craindre mort/pic/paeſſe ny maſſue.

ii. Timoth.i.
Le qt certaines
ment a deſtrute
ſa mort.

Car quelle paour de mon dieu puis le auoit/
Qui par amour a paſſe ſon debuoit/
Et a prins mort dont il nauoit que faire/
Pour noſtre mort par la ſienne deffaire.

Mort eſt Jeſus/en q toꝰ mortz noꝰ ſômes:
Et en ſa mort faict viure tous ſes hommes.
Je diz les ſiens/qui de ſa paſſion
Ont par la foy participation.

Eccleſiaſtique
p. li.
O mort/ que la
memoire eſt a
moire a lhôme
qui ha paix en
ſes ſubſtances.

Car ou la mort auant le grand myſtere
De ceſte croix eſtoit a tous auſtere/
En regardant ſa face a ſa rigueur/
Il ny auoit cueur qui nen euſt frayeur/
Veu lunion qui eſt de lame au corpe/
Lordonnance/ſamour/a les accordz:
Dont ſa douleur eſtoit du ſeparer
Epreme acces pour tout deſeſperer.

Eſaie liiii.
Il a eſte offert
car il le a voulr.

Depuis quil pleut au doulx agneau ſouffrit/
Deſſus ſa croix/a pour nous ſa ſe offrit/
Sa grande amour a aſſume ung feu
En noſtre cueur ſi vehement/ que ieu
Tout bon chreſtien doibt ſa mort eſtimer/
Et lung lauſtre a ſa mort animer.
Et tout ainſi que mort nous retardoit/
Amour deſit de mort donner nous doibt.

Car si amour est au cueur sans mentir
Il ne scauroit aultre chose sentir:
Si grande elle est/quelle tient tout se lieu:
Tout mect dehors/riens ny seuffre que dieu.
Ou est amour vray q viuant sans feinte/
Il ne souuient de paour/douleur/ne crainte.

I.Iehan IIII.
Charite perfecte chasse dehors crainte.

    Si nostre orgueil pour honneur acquerir/
Faict de sa mort tant de moiens querir:
Si pour auoir vng plaisir qui tant couste/
Lon oublye de sa mort crainte q doubte:
Si pour auoit des richesses son saoul
Lon met sa vie en dang. t pour vng soul.
Si senuie de rober ou tuer/
Battre/tromper/faict lespetit muer.
Tant quil ne voit de sa mort le danger/
Pour faire mal ou daultruy soy venger:
Car si grand est le mal ou se desir
Quil faict sa mort pour liberte choisir.

Ecclesiastique
pII.
O mort/son ius
gemet est bon a
homme apant
indigence.

    Si ainsi est que ces grandz passions
Pleines de mal q dimperfections/
De sa mort font peu craindre le hasart/
Mais maintesfois leur semble venir tard/
Que doibt faire amour iuste q louable/
Obligee q plus que raisonnable:
Que doibt faire lamour du createur?
Doibt elle point si fort brusser vng cueur.
Que transporte de telle affection/
Ne doibt sentir nulle aultre passion?
Helas si faict:car mort est chose eureuse.

Pseaul.cv8.
Pecieuse est es
peulp du seigñr
la mort de ses
saincts.

A vne ame de luy bien amoureuse
Gracieuse elle estime sa porte
Par ou il fault que de sa prison sorte.
Le dut chemin ne sa scauroit lasser
Par ou elle va son espoux embrasser.

    O mon vray dieu/que ceste mort est belle!
Par qui iauray fin de toute querelle:
Par qui iauray de vous fruition/
Et iouyray de vostre vision:
Par qui seray a vous si confornee/
Que ie seray diuine transformee?

Pseaul.cvix.
Helas a moy/
car iay demeure
en Meseches.

    O mort/par vous lespere tant dhonneur/
Que a deux genoulx len cry/souspit/t pleur:
Je vous requier venez hastiuement/
Et mettez fin a mon gemissement.

    O eureuses ames/filles tres sainctes!
En la cite de Jerusalem ioinctes:
Baissez voz peulx par miseration/
Et regardiz ma desolation.

Cantic.8.
Je vous adiure
filles de Jeru-
salem/Anndcez
a mõ amy/Que
ie languys da-
mour.

Je vous supply que vous vueillez pour moy
Dire a mon dieu mon seigneur t mon roy:
Luy annonçant a quelque heure du tout/
Que ie languys pour luy de son amour.

    O doulce mort/par son amour venez!
Et par amour a mon dieu me menez.

i.Corinth.pv.
O mort/ou est
son aiguillon?

O mort/ou est icy vostre poincture/
Vostre aiguillon/vostre rudesse dure?
Helas/elle est de mes peulx diuertie:
Car en doulceur/rigueur mest conuertie.

Puis que par vous mon amy est passe/
Et sur la croix pour moy mort trespasse.
Sa mort si fort a mourir mon cueur poulse/
Que vous mestes pour le suyuir bien doulce.
O mort/o mort/venez quoy que ie dye
Mettre ensemble auec lamy lamye.

Puis que la mort mest vie si plaisante/
Que plus me plaist quelle ne me espouante
Craindre ne dois si non le iugement
Qui vient apres de dieu qui point ne ment.
Tous mes pechez par sa iuste balance
Seront poisez/& mys en congnoissance.
Ce que iay faict/mon penser/ma parolle
Sera congnu mieulx escript que en vng rolle.
Et ne fault pas penser que charite
Vueille offenser iustice & verite:
Car qui aura vescu comme infidele/
Puny sera dinfinite cruelle.
Dieu est iuste/son iugement est droict:
Tout ce quil faict est iuste en tout endroit:
La ou ie suis regarde sa droicture/
Moy miserable & paoure creature.

Veu que ie scay que toutes les iustices
Des plus iustes/sont si pleines de vices/
Que deuant dieu sont hordes/salles villes
Plus infames que immundices des villes:
Que sera ce des pechez que iay faictz/
Dont trop le sens importable ie sens?
Dire ne puis aultre conclusion

Sap. III.
Le tourmēt de sa
mort ne touchera point keulx.

Pseau.
Dieu est iuste
iuge.

Esaie xlviii.
Toutes noz iu
stices sōt comme
le drap de la fē
me pollue tousiours.

f

Sinoy que (ay (galgne damnatioy)
Est ce la fiy? sera desesperance
Le reconfort de ma grande ignorance?
Las mon dieu noy; car ma foy inuisible
Me faict croire que tout mon impossible
Est facile a Vous: tant que moy riey
Conuertissez en quelque peu de biey.

Rom. Vlii.
Qui est celluy q̃
me condemnes
ra?

Donc mon seigneur qui me condemnera?
Et quel iuge iamais me damnera?
Quant cestuy la qui mest doñe pour iuge/
Est mon espoir/moy pere/ et moy refuge.

Pseaul. lppplp.
Seigneur/tu
nous es faict re
fuge.

Pere/mais quel? qui iamais soy enfant
Ne condemne; mais lexcuse et deffend.
Et puis ie Voy nauoit accusateur
Que Iesuchrist/ qui est mon redempteur;
Qui par sa mort nous a restitue
Lheritage: et sest constitue

1. Iehay ll.
Nous auõs Vng
aduocat enuers
le pere/ Iesu
christ le iuste. et
celluy est la re
conciliation pour
nos pechez.

Nostre aduocat/ deuant dieu presentant
Ses merites/ qui sont et Vallent tant
Que ma debte en est si surmontee;
Que en iugement el nest pour riey comptee.
Mon redempteur/ Voicy Vng biey grãd cãs;
Il se treuue peu de telz aduocatz.
Doulx Iesuchrist cest a Vous que ie doy;

Pseaul. lppplll.
Ie palope a-
lois ce Inauoie
emble.
Ezechiel. pVlll.
Ie ne Vueil
la mort du pe
cheur.

Et Vous payez et playdolez pour moy.
Et qui plus est/ quant paoure me Voiez
De Vostre bien ma grãd debte payez.
O de bonte mer/ abisme/ et deluge;
Vous mon pere daignez estre moy iuge.

Qui ne voulez veoir la mort du pecheur.
O Jesuchrist des ames vray pescheur
Et seul sauueur/amy sur tous amys/
Mon aduocat icy vous estes mys:
Parlant pour moy me daignant excuser
Ou me pouez iustement accuser.

Rom. viii.
Legt aussi prie
pour nous.

   Plus ie ne crains de nul estre deffaicte
Car iustice est du tout satisfaicte.
Mon douly espoux en a faict le payement
Si suffisant/a tant abondamment
Que iustice de moy ne poeut vouloir

i. Pierre ii.
Il a porte noz pe
chez en son
corps.

Riens que de luy elle ne puisse auoir.
Car il a prins tous mes pechez sur soy
Et ma donne ses biens comme le croy.

   Quant voz vertuz mon seigneur presentez/
Certes assez iustice contentez.
Quant mes vices el me veult reprocher

Pseaul. cxxix.
Enuers icelluy
y a tresgrande
redemption.

Vous luy monstrez que en vostre propre chair
Vous les auez portez de bon courage
Par lunion de nostre mariage:

i. Corin. i.
Il nous est faict
sapience a iustice/
sanctification et
redemption.

Et sur la croix par vostre passion
En auez faict la satisfaction:
Et qui plus est par vostre charite
Mauez donne ce que auez merite.

Pseaul.
lxxxiii.
Iustice et paix
se sont entrebai
sees.

Parquoy voyant vostre merite mien
Iustice plus ne me demande rien:
Mais sa soeur paix comme toute appaisee
Vous regardant est doulcement baisee.

   Du iugement nauray donc plus de crainte/

Mais par defir trop plus que par contrainte
L'heure sattentz que mon iuge verray/
Et iugement iuste de luy auray.
Si ie scay bien que Vostre iugement
Est si iuste/quil ne fault nullement:
Et congnois bien mon infidelite/
Digne denfer et sa crudelite:
Si seulement mon merite regarde/
Rien ie ne Voy qui de ce feu me garde.
Il est tout Vray quil nest que pour le diable/
Et nest point faict pour lhomme raisonnable:
Mais touteffois/ sil a mys son estude
De sennemy prendre similitude/
Cest bien raison que comme luy il soit
Retribue du loyer quil recoit.

Matth. pp8.
Qui est prepare
au diable et a ses
anges.

Car si lhomme par contemplation/
Amour/ Vertu/ bonte/ perfection/
Tient de lange et a la fin herite
Au ciel le lieu de semblable merite/
Le Vicieux en enfer est puny/
Auec celluy a qui il sest Vny.
Puis que a satan du tout sest comparé/
Il tient le lieu qui luy est preparé.
Cecy bien peu mon esperit conforte
Pensant des deux la differente sorte/
Nier ne puis que au mauuais ne ressemble/
Trop pls q au bon: parquoy ie crains et tremble.
Car de lange la Vie est si celeste
Que rien nen tiens: cela ie le protesse.

Sap. p Vlll.
Le seruiteur est
puny de semblable peine que le
maistre.

Mais de lauftre ten ay tant de femblance/
Tant de malice/z tant daccouftumance/
Que de fon mal/fa peine z fon tourment
Participer dois par Vray iugement.

Grand z trop grand eft le cruel peche
Qui en enfer a mon cueur attache.
Enfer eft fort ne laiffant rien faillir/
Ny ne craingnant quon fe Vienne affaillir.
Le fort eft fort/mais quant le plus fort Vient/
Le fort ne fcait que fa force deuient.
Peche eft fort qui en enfer nous mene
Et ne Voy nul qui par merite ou peine
Ayt iamais fceu Vaincre ou tuer ce fort/
Fors cellup feul qui a faict tel effort
Par charite/que mort humille/
Son ennemy a Vaincu z lye.
Enfer rompu/z Brife fon pouoir/
Dont maintenant ne poeut puiffance auoir
De plus tenir captiue z en tutelle
La paoure ame/qui eft a dieu fidele.

Parquoy croiant de lup fa grand Vertu
Enfer/peche/ie neftime Vng feftu.
Dequoy me nupft peche/finon de mieulp
Monftrer mon dieu mifericordieup?
Fort et puiffant entierement Vainqueur
De tout le mal qui eft dedans mon cueur.
Si mon peche pardonne eft la gloire
De mon faufueur/pareillement puis croltre/
Et la mienne en eft donc augmentee.

Luc.xi.
Quãt le fort ar
me garde fa
court/alors tou
tes chofes quil
poffede font en
paip/mais fe
pluffort que lup
furuient quil
Vainque / il lup
ofte toutes fes
armures aufqlz
tes fe confoit.

Ephef.iiii.
Il a mene prifõ
niere captiuite.

i.Corin.pV.
Il nous a don
ne Victoire par
noftre feigneur
IefuChrift.

Puis que en luy suis inferce z entre
Son honneur seul honore tous les siens/
Sa richesse remplist chascun de biens.

Enfer est donc par luy du tout destruyt/
Peche vaincu/qui tant a eu de bruit.
Puant enfer/ou est vostre deffense?
Villain peche/ou est vostre puissance?

1. Corin. p8.
O mort/ou est
sa victoire?

O Mort/ou est icy vostre victoire/
Vostre aguillon/dont tant est de memoire?
En nous cuidant donner mort/donnez vie:
Le contraire faictes de vostre enuie.

Et vous Peche qui a damnation
Voulez tirer tous/sans remission/
Vous nous seruez desperon z deschesse
Pour atteindre Ierusalem tresbelle:
Cuidant faire par maligne nature
Au createur perdre sa creature.

Rom. v.
La ou peche a
abonde grace p
a plus abonde.

Par sa grace abiancez sont retour/
Et a son dieu la faictes par amour
Plusque iamais reuenir humblement/
Et se seruir z aymer doublement:
Sa grand bonte vous faict perdre la peine
Que vous prenez le long de la sepmaine.
Parquoy enfer na pas eu tout le nombre
Quil pretendoit par vous:pource que sumbre
Et sa vertu de ceste passion
Est a lame telle protection
Quelle ne doibt auoir ne peur ne doubte
De mort/peche/ne denfer vne goutte.

p a il riens qui mz puisse plus nuyre
Si dieu me Veult par soy a luy conduire?
Ientens la foy toute telle quil fault/
Digne dauoir le nom du don denhault:
Foy qui Vnist par charite ardente:
Au createur sa treshumble seruante.
Onie a luy ie ne puis auoir peur/
Peine/trauail/ny ennuy/ne douleur:
Car auec luy croix/mort/t passion
Ne poeuent estre que consolation.

Trop foyble suis en moy/ny assez forte/
Et si puis tout en luy qui me conforte.
Son amour est si ferme t permanable
Que pour nul cas elle nest Variable.

    Qui sera ce donc qui me tirera
De sa grace/t men separera?
Lettes du ciel la tresgrande haulteur/
Ny de lenfer labisme t profundeur/
Ny la largeur de toute ceste terre/
Mort/ne peche/qui tant me font de guerre
Ne me pourront separer Vng seul iour
De la grande charite t amour
Que mon pere par Iesuchrist me porte:
Car son amour est de si bonne sorte/
Que sans laymer il mayme:t est laymant
Par son amour (sans laymer) doublement
Mon amour nest pour laymer/ mais la siene
En moy ame/ que ie sens comme mienne.
    Il se ayme donc en moy/t par maymer

Gal. 8.
La foy qui oeu-
ure par charite.

Philipp. iiii.
Ie peulx toutes
choses en celluy
qui me conforte/

Rom. Viii.
Qui sera ce qui
noz separera de
la charite de
Christ?
Ie suis certain
que ne mort/ ne
Vie/ne anges/
ne principaultes/
ne puissances/ ne
choses presetes/
ne choses a Ve-
nir/ ne force/ ne
hault esse/ ne pro-
fondeur/ ne aul-
tre creature/ ne
nous pourra se-
parer de la cha-
rite de dieu:la-
quelle est en no-
stre seigneur Ie-
suchrist.

Il faict mon cueur par amour enflammer,
Par cest amour il se faict aymer tant,
Que son effect (non moy) se rend content,
Se contentant tousiours il multiplie
Trop plus damour/que amour ne luy supplie.

    O vray aymant de charite la source/
Et du tresor diuin la seule bourse/
Dois ie penser/ny oseroie ie dire
Que cest de Vous:le puis ie bien escripre
Vostre bonte/vostre amour se poeut elle
Bien comprendre de personne mortelle?
Et sil Vous plaist vng petit simprimer
Dedans vng cueur:se poeut il exprimer?
Certes nenny:car sa capacite
Nest pour tenir sa grande immensite
Qui est en Vous:veu que Plus raison
Nous monstre bien nauoit comparaison
De linfiny a la chose finie.

    Mais quant a luy par amour est Vnie/
Si remply est son riens dung peu de tout/
Que a declairer ne poeut trouuer se bout:
Plus ha de bien quil nen poeut soustenir:
Parquoy il croit tout se monde tenir.

    Quant le soleil dune seule estincelle
Aueugle soeil sa grand lumiere celle:
Mais demandez a soeil quil a senty
Il dira tout/mais il aura menty:
Car aueugle de petite lumiere
Il ne poeut Veoir la grand clarte entiere:

1. Corin. pliii.
Dieu oeuure toutes choses en tous.

Colloss.ii.
Auql sont tous les thresors de sapience & scienc cachez.

Peaul. cpluii.
De sa grandeur ny a point dinsquisiton.

Et demeure toutefuoies si content
Quil luy semble sil en auoit autant
Nestre puissant pour pouoir en buier
Ceste clatte/quil ne poeut mesurer.

Aussi le cueur qui par facon subtile
Sent de lamour de dieu vne scintille
Treuue ce feu si grand et si terrible/
Si doulx/si bon/quil ne luy est possible
Dire que cest damour: car vng petit
Quil a senty/rend tout son appetit
Si satisfaict et non moins desirant
Que plus que semble: et dit en souspirant.
Le cueur sent bien que trop il a receu:
Mais tel desir en ce trop a conceu
Quil desire tousiours a recepuoir
Ce quil ne poeut/ny nest digne dauoir:
Indicible congnoist estre son bien:
Et veult le plus / ou il ne congnoist rien:
Sentir ne poeut quel est son bien vrayement/
Et si ne poeut penser son sentement.

Le dire donc nest pas en sa puissance/
Puis que du feu il nha la congnoissance.
Amour ne scait bien au vray diffinir
Qui la cuide tant en son cueur tenir:
Bieneureux est qui en ha tel exces
Quil poeut dire/Mon dieu ien ay assez.
Qui sa en soy/il nen scauroit parler:
Craignant partant de sa laisser aller:
Si non faisant ledification

G

De son prochain / a sa saluation
Limpossible me sera donques taice?
Car il nest si parfaict ou bien austere
Sil Beult parler de lamour du treshault
De sa bonte / doulceur / de ce quil Bault /
De sa grace / & de ce que a luy touche
Quil ne ferme (Baissant les peulx) sa Bouche.
Moy doncques Ber de terre / moins q riens /
Chienne morte / pourriture de fientz
Cesser doy bien parler de celsitude
De ceste amour. mais trop dingratitude
Seroiten moy si ie nen eusse escript:
Satisfaisant a trop meilleur esprit.
Car de ceser les biens dung si bon maistre
Cest Bng crime / qui assez ne poeut estre
A droict puny / sans selcr nel sycol.

II. Cozin. pit.
Raup iusques
au tiers ciel,

Parquoy Benez / o Bieneureux sainct Paul
Qui tant auez gouste ce doulx miel
Trois iours sans Beoir raup iusques au ciel
Satisfaictes mon ignorance & faulte:
Que auez Bous sceu de Bision si haulte?

Rom. pt.
D Baultesse des
richesses de sa sa/
pience & science
de dieu.
Que les iuge/
mentz dicelluy
sont inexpzeßen/
sibles / & les
Boies dicelluy
impossibles a es/
stre trouuees.

Oyez quil dit: O immense haultesse!
Du grand thresor de diuine richesse
De la source de toute sapience
Et fonteine de diuine science!
Doz iugementz sont incomprehensibles /
Et Boz Boies / selon tous noz possibles /
A tous noz sens inuestigables sont.
O bon sainct Paul / Boz parolles nous font

Bien esbahir/que vous si tresscauant
Dung tel secret ne parlez plus auant.
Mais encores dictes de ceste amour/
Que esperons nous en auoir quelque tour?

Escoutez le/a Voila quil nous dit
Onques nul oeil dhomme mortel ne vit/
Ny aureille ne sceut iamais entendre/
Ne dans le cueur tant soit il bon descendre
Ce que dieu a prepare a promiz
A la parfin a tous ses bons amyz.

Nen ditez vous plus oultre? Certes non.
Ce quil en dit/encores nest sinon
Pour nous faire estimer a aymer
Ce quil ne poeut declarer ne nommer:
Tirant noz cueurs/nostre amour/a espoir
A desirer ce qui ne se poeut veoir.
Que diz ie veoir?mais penser/ny sentir:
Qui tend content de mourir vng martyr.

O tresgrand don de Foy/dont tel bien vient
Que posseder faict ce que lon ne tient.
Foy donne espoir par seure verite/
Qui engendre perfecte charite.

Et Charite est dieu/comme scauons:
Si en nous est/dieu ainsi nous auons.
Il est en nous/a trestous en luy sommes:
Tous sont en luy/a luy en tous les hommes.
Si nous sauons par foy/tel est sauoir
Que le dire nest en nostre pouoir.

Donques/puis que vng si tresgrand apostre

G ii

Comme sainct Paul na voulu parler puis tel
A lexemple de sa tressage escolle.
Je me tairay/mais suyuant sa parolle/
Bien que pou soie ie me confesse a fange/
Ne puis faillir a rendre sa louenge
De tant de biens que auoir ie ne merite/
Qui luy plaist faire de moy sa Marguerite:
Au roy du ciel immortel/inuisible/
Seul dieu puissant/a incomprehensible/
Soit tout honneur/gloire/louenge/amour.
Par les siecles des siecles sans sesiour.

A M E N.

i. Thimoth. i.

Discord estant en lhomme par sa
contrariete de lesperit et de sa
chair: ẽ sa paix/par vie spi-
rituelle. Qui est annota-
riõ sur la fin du 7 ch.
et commencement
du 8 de lepistre
sainct Paul
aux Rom.

NOBLE desprit/ ẽ serf suis de nature:
Extraict du ciel/ ẽ vile geniture:
Siege de dieu/ vaisseau diniquite:
Immortel suis/tendant à pourriture:
Dieu me nourrist / en terre est ma pasture:
Je fuis le mal/en aymant forfaicture:
Jayme raison/en fuyant equite.

¶ Je croy en dieu/ẽ du tout le me croy:
En dieu me fye/ẽ ie nay point de foy:
Son vouloir veulx/ẽ mon vouloir me plaist:
Loy mest a gre/ie deteste la loy:
Je vis en paix/ie vis en grand destroy:
En ne maprinant/le nayme aultre que moy:
Jayme tout bien/ẽ tout bien me deplaist.

¶ Je ne faiz pas le bien que ie veulx faire:
Souuent commence/ẽ ie ne puis parfaire/
Môn bon vouloir nest en moy le plus fort/

Gal.8.
La chair couuoi-
te côtre lesperit:
et lesperit côtre
la chair.

Rom. vij.
Je ne faiz point
le bien que ie
vueil:mais ie
faiz le mal que
ie hays.

Le vouloir
est auec moy:
mais ie ne treu-
ue pas pour acô-
plir le bien.

G iij

Car ie ne fais point le biē que ie vueil/mais ie faiz le mal que ie ne vueil poit.

Le corps est mort pour peche.

Lesperit vit pour iustificatiō.

Si ie faiz ce que ie ne vueil/iene perpetre donc pas icelle chose.

Car ce que ie faiz ie ne le ap prouue pas.

Celz perpe- tre le peche habi tant en moy.

Sap. ix. Le corps est graue a lame.

Iob ix. La vie de lhō- me est vne guer- re sur la terre.

Iezun.iii. Ce q est nay de chair/est chair.

Rom. vii. La loy de dieu me delecte selō lhōme inte- rieur.

Et qui pire est/plustost faiz ie contraire.
Et hayant mal/ie me metz a mesfaire:
Parquoy voy bien loy estre salutaire.
Mais vif desperit/quāt au corps me sēs mort.
¶ Ie faiz le mal/mais ce mal ie ne faiz:
Car mon vouloir contredict a mes faictz.
Qui faict ce donc?inhabitant peche
Dedans sa chair source de tous mesfaictz:
Et lequel rend hommes si imparfaictz
Que esperit y est/soit il des plus parfaictz
Souuent greue/et tousiours empesche.
¶ Et de ce vient/que bataille obstinee
Est dedans lhomme/et ne sera finee
Tant quil aura vie dessus sa terre:
Si la chair poinct fera sa destinee/
En ensuyuant sa source et sa lignee:
Et par lesperit ne sera terminee.
Dlute nous fault estantz tousiours en guerre.
¶ O esperit/immortelle estincelle:
Rayon luysant de clarte supernelle/
Tousiours estant plaisant a pacifique
O soy de chair/homme vieulx et rebelle/
Natif peche/dou vient nature telle
Que naccordez/dont ay guerre mortelle:
Car guerre nest pire que domestique.
¶ La loy de dieu/est a lesperit duisante:
La loy de chair est austre/et repugnante:
Captif me tient/et subiect a tout vice:
Esperit/ou soy/faict lame a dieu plaisante.

Chair au peché la rend obeissante.
Qui me ostera du corps ou sa mort hante?
Grace de dieu/par Jesuchrist propice.
¶ Car les humains vont possibilité
Pouoir guarir ceste fragilité:
De ce nay en eulx espoir/ne en moy.
Vray, le salut de lhomme est vanité.
Venons au Christ duquel la charité
Nous a sauuez par liberalité
Du damnement de peché et de loy.
¶ Verbe diuin Jesuchrist saluateur,
Unique filz de leternel autheur,
Quant a nature: q sainte adoptif
Premier/dernier/de tous instaurateur,
Euesque q roy/puissant triumphateur /
Et de sa mort/par mort liberateur:
Duquel auons q lestre q le motif.
¶ Pour tous pecheurs vraye redemption,
Grace/salut/sanctification
Auez acquiz en nature mortelle.
Sera pour ceulx lesquelz sans fiction
Auront de vous/par foy/cognition.
Donnez la nous pour vaincre affliction
De chair: qui nha aucun bien dedans elle.
¶ Lhomme est par foy faict filz du createur:
Lhomme est par foy iuste, sainct/bienfacteur:
Lhomme est par foy remiz en innocence:
Lhomme est par foy roy / en Christ regnateur:
Par foy auons lesperit consolateur,

Mais le loy vne autre loy en mes membres/ repugnante a la loy de mon entendement/ a me rendat prisnier a la loy de peché qui est en mes membres.
Pseaul. lix.
Le salut de lhomme est vain.

Rom. viii.
Le seigneur nous a deliure de la loy de peché et mort.

i. Corin. i.
Lequel nous est faict sanctificacion q redempti.

Rom. vii.
Ie scay que bien ne habite point en ma chair.
Gal. iiii.
Vous estes filz de dieu par foy.
Rom. v.
Iustifiez par foy nous auons paix.

Galat. iii.
Nauez vo⁹ pas
receu lesperit p
coupe de la foy.

Rom. viii.
Le pere na pot
esparigne son p̃-
pre filz: cõment
dõc ne nous dõ-
nera il toutes
choses auec luy?

i. Corin. i.
Il nous est faict
iustice.

Osee ii.
Je te espouseray
a moy en foy.

Ephes. v.
Le mistere est
grand. mais ie
parle de Christ
et de leglise.

Ephes. iii.
Ainsi que Christ
a ayme leglise
q sest baille soy
mesme pour
icelle.

Rom. viii.
Il ny a nulle cõ-
demnation a
ceulx qui sont
en nostre seignr̃
Jesuchrist/ qui
ne cheminent
point selon la
chair/ mais selz̃
lesperit.

Vniz au pere/q au mediateur:
Par foy lay Christ/et tout en affluence.
¶ Car quant le pere en sa pitie profonde
Feit de son filz donation au monde/
Il se donna auecques tous ses biens.
De tous pechez sa iustice nous munde:
Elle est a moy/q en elle me fonde.
Qui est de nous qui en larmes ne fonde/
Dauoir telz dons qui de soy nauoit riens?
¶ Lame ha espoux Christ / par fidelite:
Cest mariage/q en ceste vnite
Est grant mistere. or loy de mariage
Faict que tous biens sont en communite:
Mes pechez sont sur son humanite:
Je prens de luy ce quil a merite:
Pour luy ne fut: mais pour lhumain lignage.
¶ Lespoux se doibt pour lespouse exposer
Jusques a soy de vie deposer
Pour sa garder: Jesus sa ainsi faict.
Que doibt lespouse/a ce soy composer?
Que amante soy sa face reposer
Toute en lespoux. or nous fault disposer
Viure en foy telle: q aurons bien parfaict.

    Car iugement aucun ne se fera
Sur celluy qui par foy en Christ sera/
Selon lesperit/non selon chair viuant.
Mais declarez ce par esperit viura
Non selon chair. Et ce/ Il ne pechera:
Qui est celluy seul qui sen gardera?

Si iuſte n'eſt qui ne viue en pechant.

¶ Que appellez vous viure charneſſement?
Que appellez vous ſpirituellement
Neſtre pecheur? qui ainſi le prendroit?
Spirituel n'auroit vng ſeulement
En tous viuans. parquoy friuolement
Dieu monſtreroit des biens ſi largement
En promettant/ ce que la n'aduiendroit.

¶ Ie diz viure ſpirituellement
Cil qui vers dieu a mys ſon penſement/
Fiance/ & ſoy/ dont vient la charite.
Combien que tel par natif mouuement
Baiſſe a peche par fols conſentement/
Ne laiſſera pour ceſt empeſchement
Son eſperit/ ne ſa fidelite.

¶ Comme la nef en haulte mer menee
Souuenteſfois eſt par vent deſtournee/
Ce nonobſtant elle vient a ſon port.
Et la noble ente/ en tronc ſauluage entee
Portera fruict: combien que telatdee
Soit par iectons de ſyluestre portee:
Coupper les fault/ quilz ne montent trop fort.

¶ Mais l'homme eſt dict viure charnellement/
Qui a la chair ſ'abdonne entierement/
Laiſſant du tout l'eſperit ſon directeur:
Et en ce monde a tout ſon penſement/
Ne deſirant que temporellement:
Du ſupt ſes ſens trop beſtialement:
Tel eſt charnel/ et de Chriſt contempteur.

H

Gal. v.
Nous en eſpriſt attendons par foy l'eſperäce de iuſ-tice.

Abacuc ii.
Le iuſte viuera de ſoy.

Rom. viii.
Ceulx qui ſont ſelon la chair/ ſont prudens es choſes de la chair.

Mais ceulx qui ſont ſelö l'eſprit/ſõt prudens es choſes de l'eſprit.

Rom. viii.
Ceulx qui sont
en la chaire/ne
poeuent plaire
a dieu.

La sapience
de la chair est
ennemie a dieu

Cellup qui
n'a point l'espe-
rit de Christ/
icelluy n'est poit
des siens.

1. Jehan iii.
Cellup qui est
nay de dieu ne
pesche point.

Gal. v.
le fruict de l'esp-
rit est charité.

Rom. iii.
nous establissons
loy p la foy.

ii. Corin. iii.
là est l'esprit
dieu là est li-
berté.

¶ Qui suit la chair/a dieu ne scauroit plaire:
Qui suit sa chair/il est a dieu contraire:
Qui suit la chair/il n'est point filz de dieu:
Qui suit l'esperit/par luy ne poeut desplaire:
Qui suit l'esperit/bonnes oeuures scait faire:
Qui suit l'esperit/il scait sa foy parfaire:
C'est tel esperit/ou liberté a lieu.
¶ Or prions dieu nous donner la prudence
De faire tant que esperit ayt la regence
Dessus la chair/a la mate et domine.
S'il nous vient bien/gardons trop de licence.
S'il nous vient mal/prenons en patience.
Si chair nous poingt/demandons continence:
En implorant grace a faueur diuine.
¶ Et si faisons par charnelle insolence/
Tournons deuers l'infallible clemence/
Dolentz d'auoir esté desordonnez.
Et retenons a foy a confidence:
Au moins vaincrons ayantz ceste deffense/
Encor que nous ayons faict mainte offense/
Pour ce au peche ne nous sommes donnez.

¶ Louenge a dieu seul.

Oraison a nostre seigneur Jesu-
christ/du pecheur cõtrit/ et penitet.
Impetratiue de grace/ et remis-
sion pour ses delictz.

Ie te salue Jesuchrist roy de miseri-
corde. Je te salue nre Vie/nostre doul-
ceur/et nostre esperãce. Nous q̃ som-
mes les filz de Eue: banniz/crions a
toy. Nous souspirons a toy gemissãtz et plou-
rantz en ceste Vallee de misere.

Auant donques/ nostre mediateur/conuer-
tiz tes peulx misericordieux a nous. O benoist
Jesus/ monstre nous la face de toy pere apres
cest exil. O clement/ O pitoyable/ O doulx Je-
suchrist. v. En toute nostre tribulation et an-
goisse. R. Secours nous Jesuchrist nostre sa-
lut et gloire.   Oraison.

Jesuchrist filz de dieu nostre redem-
pteur/qui te es anneanty de la forme
de ta diuinite/ iusques a sa forme de
la tresumble seruitude/affin que tu
nous reconciliasses a toy pere qui estiõs enfantz
de ire/et nous feisses enfantz de grace: Nous te
prions/ottroye nous que toy lequel no? cõgnois-
sons p Vraye foy estre nostre saluateur/que no?
te sentions tousiours estre tresprefent mediateur
en benedictions spirituelles enuers dieu nostre
pere. Qui Vis et regnes es siecles de siecles auec
le pere et le sainct espetit. Amen.

¶ Oraison a noftre feigneur Jefuchrift.

Mon createur qui auez congnoiffance
Deuãt lheure de mon eftre et naiffance
Que ce feroit/que ceft/ã que doibt eftre:
Vous fcauez tout ce que ie Vueil et penfe:
Quel eft mon bien/quelle eft mon indigence:
Vous Voiez tout/fans Vng feul poict obmettre:
Humiliant foubz Voftre forte deytre
Tous les humains/monftrãt Voftre puiffãce:
Je Viens a Vous en telle reuerence
Non que ie doibz:mais a Vous me fubmettre
Comme a celluy ou iay ma confiance.
Vous fuppliant en tresferme affeurance/
Tous mes pechez effacer et remettre:
En Voftre amour me donner ã promettre/
Que Viue'foy mofte toute doubtãce:
En me baillant de Voftre grace lettre
Qui contre tous me ferue de deffenfe.
¶ O redempteur/craindray ie dapprocher
Voftre bonte: Veu que la propre chair
Que nous portons/Vous auez daigne prendre:
Comme Vray dieu nul ne Vous poeut toucher/
Ne a terre du hault ciel attacher/
Si par amour ne Vous euft pleu defcendre.
Diuinite auecques noftre cendre
Auez Vny:las qui le poeut comprendre?
Ceft Vng effect qui Vous a coufte cher:
Bien eft le cueur de fer ou de rocher/

Qui par amour ne deust partir ou fendre:
Car sans faire semblant de Vous fascher
Tout Vostre corps auez laisse hascher/
Piedz/mains percer/τ mort a la croix prendre/
Et par ruisseaux Vostre sainct sang respandre/
Pour du signe Tau noz frontz mercher:
Qui ne Vous rend amour est a reprendre/
Et luy doibt on tous Voz biens reprocher:
C Des tenebres Vray illuminateur/
Doulx paraclit/a Vous cecy taddresse:
Des desuoiez Vous estes conducteur/
De tous dangers la garde τ protecteur/
Qui desliurez lesperit de tristesse/
Et le gardez que peche ne loppresse/
En le tirant du tout hors de la presse:
Car de Vice Vous estes destructeur/
Et de Vertus lentier restaurateur:
Tant que Vne ame prs que morte ou ladresse
Vous guarissez.O Viuificateur:
Volez Vng peu lestat de mon cueur
Aride/sec/sans grace/ne sans gresse:
Puis quainsi est/que charite maistresse
Est de tous biens/τ Vous le donateur/
Amour me faict Vous demander sans cesse
Grace/τ amour:dont du refuz nay peur.
C Vostre nom est si grand τ admirable
Que naturel esprit ou raisonnable
Ne Vous scauroit nommer parfaictement:
Tous noms auez/estantz innominables
                    H iii

Dont noſtre ſens eſt ſi treſpeu capable/
Quil ne congnoiſt que ceſt quoy / ne comment;
Il me ſuffit de croire ſeulement
Que de tout bien eſtes commencement/
Moien / a fin/ en tous temps immuable/
Puiſſant/ bon/ beau/ ſapient/ veritable:
Car tous ſes noms que noſtre entendement
Vous peut donner en choſe vraye ſemblable
Cela neſt riens: car indiciblement
Eſtes celluy qui vous eſtes/ vrayment:
Dont a nous eſt le ſcauoir importable.
Mais congnoiſſant que noſtre ſauluement
Vient de Jeſus/ nom ſur tous admirable/
Sauluent Jeſus vous appelle humblement;
¶ Quel eſt le nom/ telle eſt voſtre louenge/
Tant que ie croy quil ny a ſainct ne ange/
Qui au parfaict iamais y ſceuſt atteindre:
Si pour ieuſner/ aller nudz piedz en lange/
Battre mon corps ainſi que bled en grange/
Ou cent pſaultiers a dire me contraindre
Ie vous pouoie louer/ ſans feindre
Ie le feroie: mais ie ne puis reſtreindre
(Ainſi quung corps tient en ſoy ce quil mange)
Voſtre vertu/ non le bout de la frange
Aſſez louer: car ſa louenge eſt moindre
Que ſa bonte qui ne ſe mue ou change.
Parquoy voiant que ne puis faire eſchange
De louenge/ a vous dont le nom peindre
Nul ne ſcauroit/ mieulx vault que me renge/

A humblement aymer ce que doibz craindze/
En me taisant/considerant ma fange:
Et par taire/de louenge me ceindze.
℄ De voz graces/de voftre charite/
De tant de biens que nay merite
Le grand mercy vous rendze eft impoffible.
Dauoir cree par grand benignite
Non pour proffit/honneur/commodite/
Noftre ame τ corps:ceft vng bien indicible.
Puis racheter en douleur fi paffible
Par honte/mort/croix/paffion penible/
Veftu du corps de noftre humanite/
Et fans layde de fa diuinite
Qui delaiffa fa partie fenfible.
O doulx Jefus/a dire verite/
Voftre amour eft de telle qualite/
Que fa fource en eft inefpuifible:
Bien que leffect par mort nous eft vifible/
Si eft il tel que mon infirmite
Le mercier trouue incomprehenfible:
℄ontentez vous de noftre humilite.
℄ Helas mon dieu/on ne fcauroit trouuer
Semblable a vous/qui daignez preferuer
Voz rachetez τ creez feruiteurs.
Vous les voulez mainteffois efprouuer/
Pour voz graces mieulx en eulx approuuer/
Par maintz plaifirs/richeffes/τ honneurs:
Puis par peines/maladies/labeurs/
Craintes/hontes/pertes/ennuyz/douleurs:

En les faisant en Vostre Vigne ouurer
Pour voz vertuz en eulx mieulx conseruer.
Mais quant volez le trauail de leurs cueurs
Importable/pour leur ame obseruer
Les desiurez/sans vous oir reprouuer
Voltre ouurage/en couurant leurs erreurs.
Pour qui auez telle sarmes q pleurs/
Affin de tous par amour recouurer:
Et leur enfer/punition/langueurs/
Auez voulu pour vous seul reseruer.

℧ Que diray ie de mes maulx q pechez?
Las monseigneur/ilz me sont si cachez
Que ie ney scay le nombre ne la somme:
Dedans mon cueur ses sens si attachez
Que si par vous ilz ne sont arrachez
Ilz me feront dormir en piteux somme:
Car ma vertu ie nestime vne pomme
Pour les oster:q nul aultre ne chomme
De mayder/fors vous seul: qui taschez
A me guarit des maulx que iay maschez/
Volant mon cuent qui en eulx trop sassomme.
Mes ennemys ont contre moy laschez
Tous leurs effectz/sans en estre faschez/
Pour menter ter ou tout bien se consumme.
Car mes pechez(dont vng seul ie ne nomme)
Sont infinitz/q si menu trenchez
Que sans lespoir de vous vray dieu q homme/
Jamais de moy ne seront destachez.

℧ Je ne crains point pour la punition

De mes pechez auoir damnation/
Ne Voſtre enfer: où ſe punit tout Vice
Car merite le ſay ſans fiction/
Si par grace le nay remiſſion.
Je confeſſe que rigueur de iuſtice
Me condemnant ne faict que ſon debuoit:
Mais mon regard/eſt que par ma malice
Jay offenſe tant de perfection/
Tant de Bonte/douſeur/diſection/
Source damour/ dordre/reigle/& police:
De moy ſans plus Vient ſa perdition:
Qui par amour en grand deuotion
Ne doibz ceſſer de Vous faire ſeruice.
Las Vueillez moy mon dieu eſtre proplce
Non pour ſa peur de ma confuſion:
Mais pour auoir touſiours part au calice
Du merite de Voſtre paſſion.
C En me damnant ferez Voſtre debuoit/
Je ſay gaigne/chaſcun le doibt ſcauoit:
Car deuant Vous & le ciel eſt notoire.
Mais mon ſauſueur Vous auez le pouoie
Du ſondz denfer me titer/ & quoir/
Riens qui ne Vaulx/ ne ne puis tiens Valſoir/
Et que ma Vie ſoit dinutile hiſtoire
Mon cueur pouez changer en blanc pour noir/
Et par grace de Vertu me pourueoir
Couurant mes maulx/ſãs en auoir memoire.
La mort ne crains/ne enfer Vne poire:
Mais de perdre le grãd bien de Vous Veoir/
                                        I

Si dur penser ne puis doulcement sortir
Sauuez moÿ donques p̃ Voſtre grand Vouloir
℟ Las oubliez ſes fauſtes de ieuneſſe
Soit par Vouloir par malice ou fineſſe
Fragilite ſoſte ou ignorance
Ie Viens à Vous prenant ſa hardleſſe
Me côfiant du tout a ſa promeſſe
De mon ſalut par Voſtre grand ſouffrance
Car de penſer que peine ou penitence
Peuſt meriter deinporter la balance
De mes pechez ce ſeroit grand ſimpleſſe
Parquoy ſans plus a la treſgrand largeſſe
De Voſtre amour fonde moÿ eſperance
Mettez mes maulx du tout en oubliance
Et les couurez par Voſtre grand ſaigeſſe
En mê faiſant ſentir ſepperience
Par Viue foy de la bonte immenſe
Qui procede de Voſtre grand hauſteſſe
Me retirant par Voſtre ſapience
De ſabyſme de peche a baſſeſſe.
℟ O puis qĩ Vous plaiſt pere que ie Vo9 clame
Ie le feray bien que ce me ſoit blaſme
De nauoir riens de Vo9 conditions.
O doulx pere doulx nom ie Vous reclame
Ne ſouffrez pas que ſennemy infame
Me iette hors de mes poſſeſſions.
Car fuſſent ilz cent miſle millions
Et tout enfer plein de tentations
Ie ne les crains ne ſeur feu ne ſeur flamme

Mais q mon cueur Vostre amour sil enflame:
Tant que mes faictz avecques intentions
Puissent nödstrer sans craindre höme ne fëme/
Que ie ne crains que Vostre honneur q fame/
En Vous rendant de graces actions:
Croiant pour Vray que Voz affections
De bon pere/Vueillent bien sauuer lame:
A qui donnez des tribulations/
Quant le corps mort/repose soubz la lame.

℣ Donques pere:mais quel pere:eternel/
Inuisible/immuable/immortel/
Qui pardonnez par grace tout forfaict/
Ie me iette ainsi quung criminel
A Voz sainctz piedz.O doulx Emmanuel
Ayez mercy de/moy pere perfect:
Car iay pense/Voulu/q dict/q faict/
Tant de faultes que mon cueur est deffect:
Plein de peche pire que Veniel:
Dont ie sens bien le mal estre mortel:
Mais par Vous seul/il poeut estre refaict:
Sacrifice Vous estes q austel
Qui auez faict Vng sacrifice tel
Que Vous mesmes en estes satisfaict.
Voz merites effacent mon meffect.
Recepuez donques prebstre empiternel/
Cueur/corps/esprit/le tout trop imperfect:
Vous monstrant doulx/piteux/q paternel.

℣ Quant la bonte de Vostre amour recorde/
Et que ie Voy labysme obscure q orde/

g ii

Dont le profons me beust trop retentir
Ie bous requiers que par mifericorde
Bous me tettlez bne bien longue corde
Pour me tirer ou ie me bueil tenir
Helas mon dieu bueillez bous fouuenir
Que bous auez en terre fuict benir
Boftre feul filz/qui a bous nous accorde
Sans luy a bous/feigneur/nullp naccorde
Mais puis que homme luy a pleu deuenir
Donne nous a (par mort) paulp a concorde
Le teftament eft feelle fans difcorde
Que bous auez promis de maintenir
Ainfi le crop a le bueil foubftenir
Or chaffez donc pefhe quil ne me morde
Et ie buray en fop de laduenir
Sans que mon cueur confcience remorde
Dauoir garde boftre commandement
En bous apmant de cueur entierement
Comme il bo9 plaift:point ne fauft a me bete
Ie confeffe que iap faict aulttement:
Car moymefmes iap apne follement
Pour rendre en tout ma bolunte contente
Et bous/en qui doibt eftre noftre attente:
Iauroye pour mop matreftant a lottente
Des biens receuz de bous prefentement
Et en efpoit daulttes habundamment
En recepuoir a affin que ne mente
Souuent bous ap prie deuotement
Pour mofter hors/a garder de tourment

Tant que sembloit que laisse amour feruente:
Las donnez moy mon dieu amour ardente,
Dont sa bonte de vous soit fondement:
Et quen vous seul soit ma fin ὲ pretente:
Sans auoir plus daultre amour sentement.

¶ De vous dire mon dieu/ mon pere/ ὲ roy/
Ce que vous seul scauez trop mieulx que moy/
A moymesmes/ie scay que ie fais tort:
Car vous louer ne puis comme ie doy/
Ne mercier des biens que ie recoy/
Ne confesser le mal qui me remort:
Satisfaire ne puis a nul effort/
Ne peruenir par mon labeur au port
De la grace: par laquelle ie croy
Vous sauuerez tous ceulx qui par la foy
Ont mis en vous leur fiance ὲ confort.
Nully fors vous na accomply sa loy/
Nostre ouurage est de si mauluais aloy/
Que le meilleur est mauluais/ falle/ ὲ ord/
Parquoy voiant que fin/ riue/ ne bort/
En vostre bien ne en mon mal ne voy/
Limpossible de vous louer bien fort
Loue/en taisant ce que bon iappercoy.

¶ Aueuglez moy de vostre grand lumiere/
Dont mon esprit ne congnoist sa maniere/
Forme/ facon congneue ou regard sien:
Mais les effectz sont en telle maniere/
Que au plus profond de sa fosse ὲ tasniere/
Voit que delle procede tout son bien).

                              J iii

De fa clarte/fi/comment/z coinbien
Elle est grande/lois il ny entend rien.
Et plus se rompt de ses yeulx la barriere/
Et plus il ha de regarder moien
Plus il confesse son regard terrien
Indigne a veoir ceste clarte entiere.
Le vousoit veoir cest volunte trop fiere:
Mais dabsoibet en soy ce qui est mien
Par ses doulx raidz ie vous en faiz priere/
Pour desfier mon obstine rien.

¶ Mon long parler trop inutil mal sonne
Deu le propos si digne que personne
Nest suffisant pour soustenir le faix:
Congnoissance me commande z oz bonne
De regarder dimpassible la bourne/
Que nul esprit subtil legier ou frais
Na sceu passer/tant ayt il bon refais.
Donques/pour estre du nombre des perfectz
A la bonte de vous (mon dieu) retourne/
Qui au pecheur grace pour grace donne:
Car regardant mes pensees/dictz z faictz/
Vne paille ie ny voys doeuure bonne:
Mais verite vostre oeil de pitie tourne
A nous tenir sa promesse de paix/
Par charite qui tout pecke pardonne.
En ceste foy ferme z seure me taiz
Et pour penser le parler labandonne.

            Louenge a
            dieu seul.

www.ingramcontent.com/pod-product-compliance
Lightning Source LLC
LaVergne TN
LVHW050302090426
835511LV00039B/832